Sabine Demel
Frauen und kirchliches Amt

W0085796

Guter Gott,
du hast uns Frauen nach deinem Bild erschaffen.
Du bist von einer Frau geboren worden
mitten in einer Welt,
die zur Hälfte weiblich ist.
Du bist von Frauen rund um den Globus
dorthin gebracht worden,
wo es dich zu verkündigen galt,
bist von Frauen allen Kindern dieser Welt
bekannt gemacht worden.

Gib den Frauen unserer Zeit
die Kraft auszuhalten,
den Mut, das Wort zu ergreifen,
das Vertrauen, dir mehr zu glauben
als allen Systemen und Institutionen,
sodass auf dieser Erde
dein Gesicht in seiner ganzen Schönheit
erkannt werden kann,
sodass Frauen und Männer ganz und heil werden,
sodass die Kirche umkehrt zu deinem Willen
im Kleinen und im Großen.

aus: Joan Chittister, Mit Gottes Weisheit leben. Eine Frauennovene.
Aus dem Amerikanischen von Stefanie Aurelia Spendel OP, München 2001, 57.

Inhalt

Frauen und Kirche – ein Blitzlicht, worum es geht. 11

1 Jüngerinnen Jesu – auch das steht in der Bibel! 14
  1.1 Frauen folgen Jesus. 14
    1.1.1 Einordnung des Textes 15
    1.1.2 Zentrale Aussagen. 15
    1.1.3 Zusammenfassung und Auswertung 18
  1.2 Frauen unter dem Kreuz Jesu 19
    1.2.1 Einordnung des Textes 19
    1.2.2 Zentrale Aussagen. 20
    1.2.3 Zusammenfassung und Auswertung 24
  1.3 Das jesuanische Erbe in der Frauenfrage 25

**2 Von der gehorsamen Gattin zur Frau in vielfältigen
Lebensbezügen – eine Vergangenheitsbewältigung
der kirchlichen Sicht** 29
  2.1 Katholische Kirche und Frauenbewegung 30
    2.1.1 Die Minderbewertung der Frauen im kirchlichen Recht
      von 1917 30
    2.1.2 Die Aufwertung der Frauen durch Papst Johannes XXIII.
      und das II. Vatikanische Konzil 34
    2.1.3 Die Gleichberechtigung der Frauen im kirchlichen
      Gesetzbuch von1983 36
    2.1.4 Der Spagat zwischen neuem und altem Frauenbild
      seit dem II. Vatikanischem Konzil. 39
  2.2 Frauenbewegung und katholische Kirche. 41

**3 Nicht nur Seelsorgerin, sondern auch Amtsträgerin –
Frauen im Dienst der Kirche** 44
  3.1 Weibliche Erfahrungs- und Wahrnehmungssplitter 45
  3.2 Kirchliche Grundaussagen zum Verhältnis von Seelsorge
    und Amt 47

3.3 Der gestufte Zugang zum Amt als rechtliche Konsequenz
seiner sakramentalen Verankerung 52
3.4 Das Zuviel und zugleich Zuwenig an rechtlichem Fortschritt
bei der Laienseelsorge in der Pfarrei 54

**4 Für immer vom Weihesakrament ausgeschlossen? –
Die Frauenordination im Spiegel von Recht, Lehramt
und Theologie** 59
4.1 Zwei Vorklärungen für eine sachgerechte
Auseinandersetzung................................. 59
  4.1.1 Die Beachtung des Kontextes 59
  4.1.2 Die Bedeutung des göttlichen Rechts im menschlichen
  Recht 62
4.2 Die Frage eines weiblichen Diakonats.................... 67
  4.2.1 Der kirchenrechtliche Ist-Stand 68
  4.2.2 Historische Schlaglichter 70
  4.2.3 Das Weihesakrament in der Spannung von Einheit
  und Vielfalt..................................... 73
  4.2.4 Theologisch-rechtliche Schlussfolgerungen.......... 75
4.3 Die Diskussion um die Priesterweihe von Frauen.......... 77
  4.3.1 Die lehramtliche Verkündigung über die ausschließlich
  Männern vorbehaltene Priesterweihe 77
  4.3.2 Die wissenschaftliche Reflexion angesichts der
  lehramtlichen Dokumente 80
    a) Anfragen hinsichtlich der theologisch-rechtlichen
    Einordnung der verkündeten Lehre 81
    b) Anfragen inhaltlicher Art an die Begründungs-
    zusammenhänge der verkündeten Lehre.......... 86
  4.3.3 Theologisch-rechtliche Schlussfolgerungen.......... 91
  4.3.4 Die Aktion der „Priesterinnenweihe" und ihre
  rechtlichen Folgen............................... 93
    a) Aufruf zur Umkehr unter Androhung der
    Exkommunikation – Verweigerung der Reue
    und der Bitte um Verzeihung 93
    b) Feststellung der Exkommunikation – strafrechtliche
    Beschwerde der Frauen 100

c) Ablehnung der Beschwerde einschließlich
Bestätigung der Exkommunikation – Weigerung
der Beachtung seitens der Frauen und
„Bischöfinnenweihe" 105
d) Rechtliche Würdigung des strafrechtlichen
Geschehens 113

Frauen und Kirche – ein Epilog mit Katharina von Alexandrien 117
1. Was begeistert mich an Katharina? 119
2. Worin ist sie für mich Vorbild? 120
3. Welche Sorgen vertraue ich ihr als Nothelferin an? 121

Anmerkungen 122
Personenverzeichnis 147
Verzeichnis der Canones 150

Frauen und Kirche – ein Blitzlicht, worum es geht

Das Verhältnis „Frauen und Kirche" wie auch „Frauen und theologische Wissenschaft" ist seit langem und zum Teil bis heute stark belastet. So durfte z.b. noch 1959 die Mutter bei der Priesterweihe ihres Sohnes in Rom nicht den Speisesaal des dortigen Priesterseminars betreten, sondern musste sich während des Festessens anderen Orts aufhalten. Und ein Blick in die Gegenwart zeigt, dass die katholische Kirche bis heute in ihrer Erscheinung und Mentalität ebenso wie in ihrer Sprache und Spiritualität sehr stark männlich geprägt ist. Doch gibt es seit den 1960er Jahren auch gewaltige Fortschritte: Etwa, dass damals noch Ministrantinnen strikt verboten waren, während sie heute zum Normalbild des Gottesdienstes gehören, oder dass es damals in den theologischen Hörsälen kaum eine Studentin gab – und wenn doch die eine oder andere vertreten war, wurde sie nicht beachtet –, während es heute sogar Theologieprofessorinnen gibt, aber auch Ordinariatsrätinnen und Direktorinnen von katholischen Akademien. Darüber hinaus ist in vielen Bereichen der pastoralen Arbeit das Bemühen erkennbar, alle Gremien möglichst paritätisch mit Männern und Frauen zu besetzen. Diese Entwicklung wird gerne als Ausdruck der Überzeugung gewertet, dass „erst die sich gegenseitig ergänzende Zusammenarbeit von Mann und Frau die Fülle hervorbringt und widerscheinen lässt, die im Menschen angelegt ist."[1]

Frauen und Kirche – die Beziehungsgeschichte der beiden zueinander und miteinander wird Theologie und Kirche wohl noch lange beschäftigen. Einiges hat sich hier gewiss zum Positiven geändert, aber vieles muss sich noch zum Positiven hin verändern! Dabei ist zu beachten: Frauen sind weder irgendein Potential, das nach Bedarf abzurufen ist, noch irgendeine bessere oder schlechtere Ausgabe der Gattung Mensch,[2] sondern Frauen sind genauso wie Männer Ebenbilder Gottes. Sie leben aber ihr Ebenbild-Sein anders als Männer, „weil sie andere Erfahrungen gemacht haben, anders sozialisiert worden sind und eine andere Biographie haben. Genau in dieser Andersheit liegt die ursprüngliche Gleichheit von Mann

11

Karikatur: Johann Pumhösl

und Frau, von Männern und Frauen verborgen."[3] Das heißt: das Anders-sein des Geschlechts ist zugleich mit der Gleichwertigkeit der Geschlechter zusammenzudenken.[4] Deshalb setzen die vorliegenden Überlegungen als selbstverständlich voraus, dass Mann und Frau als Ebenbilder Gottes von gleicher Würde und gleichberechtigt sind. Für die Kirche als Sakrament des Heils für die Welt (vgl. II. Vatikanisches Konzil, „Lumen gentium" 1; 9; 48; 59), also als Zeichen und Werkzeug des Heils, folgt daraus als zentrale Aufgabe, eben dieser Welt vorzuleben, dass sie ein beispielhafter, ja mustergültiger Ort ist, wo Männer und Frauen (bereits) gleichberechtigt und partnerschaftlich leben und wirken. Daher greift die in den letzten Jahren beliebte Frage nach dem Zugewinn, den die Kirche von Frauen in gleichberechtigter Position habe, zu kurz. Diese so genannte Mehrwertfrage der Frauen für die Kirche ist geradezu entwürdigend, weil sie letztlich die Gleichwürdigkeit der Frau leugnet oder zumindest nicht ernst nimmt! Um dies klar ins Bewusstsein zu heben, wird im Folgenden ganz gezielt auf diese Fragestellung verzichtet. Es wird also nicht nach den (positiven) Auswirkungen von Frauen in kirchlichen Leitungspositionen und/oder von Frauen als geweihten Amtsträgerinnen gefragt. Damit wird der Tatsache Rechnung getragen, dass aufgrund der Gottebenbildlichkeit von Mann und Frau die gleichberechtigte Repräsentanz von Frauen auf allen Ebenen der Kirche eine Selbstverständlichkeit sein müsste und keiner eigenen Begründung bedarf. Anders gesagt: Die kirchliche Frauenfrage darf *keine pragmatische*, sondern muss eine *theologische* Grundentscheidung sein. Es muss endlich zum Ausdruck gebracht werden, dass die Kirche die Frauen braucht, und zwar als gleichberechtigte Partnerinnen braucht – nicht weil sie sonst zu wenige Leute für die tägliche Arbeit und Umsetzung ihrer Sendung hätte, sondern weil dies die Gottebenbildlichkeit des Menschen als Mann und Frau verlangt. Gottebenbildlichkeit und ein Miteinander von Frau und Mann in einer unjesuanischen und unerlösten Geschlechterhierarchie passen nicht zusammen.[5]

Auch wenn es kein spezielles, sondern nur indirekt ein Frauenthema ist, wird dennoch das Thema der so genannten priesterlosen Gemeindeleitung durch Laien ausführlich diskutiert. Denn die damit verbundenen theologischen Aspekte werden oft als rein faktisch-soziologische Kriterien abgetan, um sich dadurch den zentralen theologischen Anfragen zu entziehen, die diese durch den herrschenden Priestermangel um sich greifende Praxis mit sich bringt.[6]

1
Jüngerinnen Jesu – auch das steht in der Bibel!

Frauen in der Gemeinde – was weiß die Bibel davon zu berichten? Eine ganze Menge. Aus dieser Fülle werden allerdings nur zwei eher unscheinbare Stellen herausgegriffen, die oft übersehen werden, obwohl – oder gerade weil – sie ungeheuer provozierend und brisant sind. Beide Stellen sind aus dem Lukas-Evangelium entnommen. Es handelt sich um die Sammelnotiz in Lk 8,1–3 und einen darauf bezugnehmenden Hinweis in Lk 23,49. Darin wird klar gesagt, dass Frauen Jesus bereits während seines irdischen Wirkens, seiner Wander- und Verkündigungstätigkeit als Begleiterinnen gefolgt sind. Somit haben Jesus während seiner Wander- und Verkündigungstätigkeit nicht nur – wie immer wieder verkündet wird – die Apostel begleitet, sondern auch Frauen. Und als Begleiterinnen waren diese Frauen auch Zeuginnen der Kreuzigung und Auferstehung Jesu. Zeuginnen des Lebens Jesu gewesen zu sein wie auch Kreuzigung und Auferstehung Jesu Christi erlebt zu haben – kann es noch eine stärkere Legitimation zur Verkündigung der Botschaft Jesu Christi in der Kirche geben? Diese Frage stellt sich mir jedes Mal, wenn ich diese beiden Texte lese und genauer betrachte.[7]

1.1 Frauen folgen Jesus

In Lk 8,1–3 heißt es:

> „In der folgenden Zeit wanderte er [= Jesus] von Stadt zu Stadt und von Dorf zu Dorf und verkündete das Evangelium vom Reich Gottes. Die Zwölf begleiteten ihn, außerdem einige Frauen, die er von bösen Geistern und von Krankheiten geheilt hatte: Maria Magdalene, aus der sieben Dämonen ausgefahren waren, Johanna, die Frau des Chuzas, eines Beamten des Herodes, Susanna und viele andere. Sie alle unterstützten Jesus und die Jünger mit dem, was sie besaßen."

1.1.1 Einordnung des Textes

Lk 8,1–3 ist ein so genanntes Summarium, eine Sammelnotiz, die meistens als eine Art Überleitung dient. Überleitung bedeutet: Abschluss des einen und Beginn von etwas Neuem. Hier an dieser Stelle werden die Erzählungen über die Heilungen und Dämonenaustreibungen abgeschlossen, weshalb unmittelbar davor die Erweckung des Jünglings der Witwe von Naim (7,11–17) und die Begegnung mit der dankbaren Sünderin, vielleicht Maria Magdalena (7,36–50), steht. Neues Thema wird nun die Lehr- und Verkündigungstätigkeit Jesu in Wanderschaft durchs Land; jetzt wird seine Reich-Gottes-Botschaft mit Hilfe von Gleichnissen geschildert. Mit dieser Sammelnotiz wird also das bisherige Wirken Jesu zusammengefasst und zu neuen Ereignissen übergeleitet.[8]

Interessanterweise erzählt Lukas nur davon, dass von Jesus geheilte Frauen ihm aus Dankbarkeit dienten. Von dankbaren Männern ist nichts zu lesen. Im Gegenteil: In Lk 17,11–19 ist davon die Rede, dass von zehn vom Aussatz geheilten Männern nur einer Jesus Dank abstattet. Durch diesen Kontrast tritt hier die Anhänglichkeit und Treue der Frauen gegenüber Jesus umso mehr hervor.

Ist das auch historisch wahrscheinlich, was Lukas hier berichtet: Frauen haben Jesus während seiner Wandertätigkeit durch Galiläa begleitet? Ja, denn die Beiläufigkeit und Selbstverständlichkeit, mit der dieser Sachverhalt erwähnt wird, gilt in der Wissenschaft als ein wichtiges Argument für die Historizität einer Schilderung. Dieses Argument wird auch noch unterstützt durch einen Blick in das Markus- und Matthäus-Evangelium, wo auch – allerdings an anderer Stelle: Mk 15,40 und Mt 27,55f – nebenbei und beiläufig berichtet wird, dass Frauen unter dem Kreuz stehen, die Jesus schon in Galiläa nachgefolgt waren und ihm gedient hatten.[9]

1.1.2 Zentrale Aussagen

Obwohl so unscheinbar, weil so allgemein, enthalten die drei Verse Lk 8,1–3 bei genauerem Hinsehen viele interessante Informationen und Details:

- Vers 1:

Jesus suchte offensichtlich systematisch jede Ortschaft des Judenlandes auf, um dort die Botschaft des Reiches Gottes zu verkündigen. Die Zwölf, die späteren Zeugen der Jesus-Zeit (Apg 1,22), begleiteten ihn dabei.

■ Vers 2f:

Ebenso begleiteten Jesus „einige Frauen", von denen gesagt wird, dass Jesus sie von dämonischer Besessenheit und Krankheiten geheilt hatte. Sie folgten ihm also offenbar aus Dankbarkeit. Während die vielen anderen Frauen, die sich in der Jesus-Bewegung engagieren, anonym bleiben (Vers 3), werden drei durch ihre namentliche Erwähnung besonders hervorgehoben:

– Maria aus Magdala wird vorangestellt. Da sie „auch sonst in den Aufzählungen an erster Stelle genannt wird, wird man daran denken sollen, dass sie der Urkirche in besonderer Weise als Auferstehungs- und Traditionszeugin galt."[10]

– Johanna, die Frau des Herodes-Beamten Chuza, wird wohl deshalb namentlich genannt, weil durch diese Angabe gezeigt werden soll, dass das Christentum bei Prominenten, in der Öffentlichkeit anerkannten Personen Fuß gefasst hat.[11] Das wiederum soll gleichzeitig auch beweisen, dass das Evangelium alle gesellschaftlichen und wirtschaftlichen Barrieren niederreißt und Männer und Frauen jeden Standes miteinander zu einer Gemeinschaft vereint.[12]

– Die dritte namentlich genannte Frau, Susanna, bleibt sonst im Evangelium unerwähnt.

Was sagen uns nun diese drei Namen? Warum werden diese drei Frauen explizit genannt? Die namentliche Nennung dieser Frauen spricht dafür, dass „sie in der ersten Gemeinde in hohem Ansehen standen und dass das in ihrem Umgang mit Jesus zu seinen Lebzeiten begründet war."[13]

Die abschließende Notiz des Evangelisten, dass diese genannten und ungenannten Frauen Jesus und seine Jünger mit dem, was sie besaßen, unterstützt, besser: gedient hätten, wirft einige inhaltliche Fragen und Probleme auf: Handelte es sich hier nur um traditionelle Frauendienste, zu denen vor allem der Tischdienst zählte, und die Deckung von Ausgaben durch einige vermögende Frauen in dieser Frauenschar? Oder waren diese Frauen auch am Verkündigungsauftrag beteiligt?[14] Lange Zeit wurde in Wissenschaft und Kirche gelehrt, dass diese Frauen lediglich den so genannten Tischdienst übernommen, also lediglich für die Mahlzeiten gesorgt hätten. Das wurde mit dem griechischen Grundwort für „dienen", nämlich διακονεῖν begründet. Doch ist gegen diese Deutung mit Recht eingewendet worden, dass eine solche Situation des

Tischdienstes schwer vorstellbar ist. Wie sollten die Frauen dies bewerkstelligt haben, wo sie doch den ganzen Tag zusammen mit Jesus und einigen anderen Männern unterwegs waren von Galiläa nach Jerusalem?[15] Dazu kommt die Tatsache, dass der Reisende auf jüdischem Gebiet unter Armenrecht stand und mit bescheidener Versorgung rechnen konnte.[16] Was soll dann aber der Hinweis auf den Besitz dieser Frauen?[17] Wenn der Tischdienst ausgeschlossen ist, so könnte man ja immer noch behaupten, dass diese Frauen nur in *äußeren Dingen* Jesus unterstützt haben, sozusagen als stille Sympathisantinnen, die ihm den Rücken von allen lästigem finanziellen Alltagskleinkram freihielten, aber in keiner Weise an seinem Verkündigungsauftrag teilnahmen.[18] Dagegen sprechen allerdings zwei Gesichtspunkte, die eng miteinander zusammenhängen. Erstens wird die Gemeinschaft Jesu mit den Zwölf und den Frauen nicht nur als rein äußerlich beschrieben, sondern als eine Art Gesinnungsgemeinschaft, die von gegenseitiger Unterstützung und personalem Rückhalt geprägt ist.[19] Das wird deutlich, wenn man die Aussage, dass die Zwölf und einige Frauen „*ihn* [sc. Jesus] *begleiteten*" im griechischen Urtext betrachtet. Wörtlich übersetzt heißt es dort nämlich: „und die Zwölf *mit ihm,* und einige Frauen." Diese Formulierung: „mit ihm" zeigt eine enge Verbindung an, nicht nur eine lose Gefolgschaft. Und diese enge Verbindung wird nicht nur über die Zwölf ausgesagt, sondern auch über die Frauen, die durch den Verbindungsartikel „und" zu Gliedern dieser engen Gefolgschaft werden: „die Zwölf waren mit ihm, *und* einige Frauen".[20] Zu dieser Beobachtung passt dann auch der zweite Aspekt: Da ein Tischdienst der Frauen während der Wanderschaft Jesu unwahrscheinlich war, ist hier das Verb „dienen" (διακονεῖν) in seiner übertragenen Bedeutung verwendet, wie sie auch an anderen Stellen im Neuen Testament belegt ist, nämlich als Umschreibung für „die konkret gelebte Jesusnachfolge und den Einsatz für das Evangelium."[21] Demzufolge ist mit dem hier erwähnten „Dienen" bzw. „Unterstützen" der Frauen wohl „eher an eine Grunddimension des Lebens zu denken als an ganz bestimmte Dienste."[22]

Festzuhalten bleibt somit: Zwar geht aus dem Text Lk 8,1–3 nicht hervor, was genau die Frauen taten, welche Rolle, Aufgabe und Funktion sie innehatten,[23] wohl aber kommt in aller Deutlichkeit zum Ausdruck, dass Frauen auf jeden Fall zu Jesu Gefolge gehörten und dadurch zumindest ähnlich, wenn nicht sogar in gleicher Weise wie die Zwölf

Frau im Gefolge Christi
Collage: Ilse Schüllner

an Jesu Lehre und Verkündigung ebenso Anteil nehmen konnten, wie an seinem außergewöhnlichen Wirken.[24] Und diese Tatsache schließt nicht aus, dass „selbstverständlich auch die mitwandernden Frauen ganz schlicht und einfach Worte und Taten Jesu weiter erzählt haben. ... Vielleicht hat Jesus die mitwandernden Frauen sogar ausdrücklich zum Weitererzählen ermuntert, denn seine Botschaft soll ja wie ein Sauerteig unter die Masse gemengt werden."[25]

1.1.3 Zusammenfassung und Auswertung

Lk 8,1–3 sieht auf den ersten Blick wie ein schlichter Bericht aus, über den man leicht hinweg liest, weil er so gar nichts Besonderes zu enthalten scheint. Das liegt sicherlich daran, dass die Leserinnen und Leser von heute sich nur noch schwer vorstellen können, wie provokativ dieses Verhalten Jesu auf die damalige patriarchalische Gesellschaft wirken musste. In dieser Gesellschaftsordnung waren nämlich die Frauen auf die gleiche Stufe von Kindern und Sklaven gestellt wie auch die Gestaltung des gesamten öffentlichen Lebens ausschließlich Männersache war. Deshalb galt das Sprechen mit einer Frau in der Öffentlichkeit als höchst anstößig und unpassend; erst recht waren Frauen in der Gesellschaft eines Rabbi für diese Umwelt Jesu völlig undenkbar.[26]

Auf diesem Hintergrund wird deutlich, welche emanzipatorische (im wörtlichsten Sinn verstanden) Leistung Jesus durch seine alle jüdischen Grenzen durchbrechende Offenheit für die Mitarbeit von Frauen vollbrachte. Denn durch seine auch Frauen gegenüber offene Haltung befreite Jesus die Frauen in eine neue gesellschaftliche Stellung, die dann auch in den frühen christlichen Gemeinden realisiert wurde. Gläubige Frauen wurden nun wie selbstverständlich *neben* gläubige Männer gestellt.[27] Und ebenso selbstverständlich übernahmen Frauen im Gemeindeleben wichtige Aufgaben. Sie legten das Wort Gottes aus, wie von einer Frau namens Priszilla in der Apostelgeschichte erzählt wird,[28] waren Leiterinnen von urchristlichen Hausgemeinden, wie aus der überlieferten Grußempfehlung einer Frau Priska zu schließen ist,[29] hatten in den christlichen Gemeinden führende Stellungen inne, wie die Charakterisierung einer Frau namens Phoebe als „Dienerin der Gemeinde von Kenchreä" zeigt,[30] und waren Mitarbeiterinnen in der Mission, wie das Lob des Paulus über Frauen wie Maria, Persis und Evodia bezeugen.[31]

Die christlichen Urgemeinden hatten also die Botschaft Jesu im Umgang mit Frauen verstanden und aus dieser völlig neuen Einstellung Jesu zu Frauen auch die Konsequenzen für ihren Gemeindeaufbau gezogen: Frauen genossen in den christlichen Urgemeinden gesellschaftliche und religiöse Gleichberechtigung! Das ist ein wirklich revolutionärer Zug angesichts der jüdischen Praxis, in der die Frau gesellschaftlich auf die Funktion der Hausfrau und Mutter beschränkt war und in religiöser Hinsicht nicht einmal an den kultischen Versammlungen aktiv teilnehmen durfte!

1.2 Frauen unter dem Kreuz Jesu

In Lk 23,49 wird berichtet:

> „Alle seine Bekannten aber standen in einiger Entfernung [vom Kreuz],
> auch die Frauen, die ihm seit der Zeit in Galiläa nachgefolgt waren und die
> alles mit ansahen."

1.2.1 Einordnung des Textes

Lk 23,49 bildet das Ende des Kreuzigungsberichtes (Lk 23,26–49). Dieser Vers ist deshalb besonders interessant, weil er von Frauen als Augenzeuginnen des Todes Jesu berichtet. Nach Lukas sind nicht nur die galiläischen Frauen (vgl. Lk 8,2f) zugegen, sondern auch „alle seine Bekannten".

Auch hier ist wieder die wichtige Frage zu stellen: Entspricht diese Schilderung des Lukas der Realität? Ein vergleichender Blick in die beiden Evangelien des Markus und Matthäus zeigt, dass dort ebenfalls von Frauen als Augenzeuginnen des Todes Jesu berichtet wird (vgl. Mk 15,40f und Mt 27,55f). Diese Gemeinsamkeit zwischen allen drei Evangelien ist ein starkes Indiz dafür, dass es sich in der Tat um eine historische Erinnerung an das wirkliche Geschehen handelt. Denn Markus und Matthäus gelten im Gegensatz zu Lukas keineswegs als frauenfreundliche

Schriftsteller oder Evangelisten der Frauen, versäumen aber trotzdem nicht, diesen Sachverhalt nebenbei zu erwähnen. Gerade dass dies so nebenbei, ohne thematisiert zu werden, bemerkt wird, spricht für Historizität. Der einzige Unterschied zwischen Lukas und den beiden anderen Evangelisten besteht an dieser Stelle darin, dass Markus und Matthäus jetzt erst einige Frauen namentlich nennen, was Lukas bereits im Zusammenhang von Lk 8,1–3 getan hat.

Die Bedeutung dieses Verses 23,49 im Kontext des Lukasevangeliums ist darin zu sehen, dass mit der Erwähnung der Frauen in Kapitel 8,2f bereits die Brücke geschlagen ist zu der Erzählung von der Grablegung und von der Auffindung des leeren Grabes.

1.2.2 Zentrale Aussagen

Was wird in diesem Vers Lk 23,49 Wichtiges zum Ausdruck gebracht? Auf den ersten Blick ist seine Aussage sehr lapidar: In der Todesstunde Jesu am Kreuz sind unter dem zuschauenden Volk (vgl. Vers 48) auch seine Bekannten und die Frauen, die ihm von Galiläa her nachgefolgt waren. Erst bei intensiver Beschäftigung mit dem Text, und hier vor allem mit dessen Schlüsselworten kann man vier hochinteressante Entdeckungen machen:

1. Zunächst fällt auf, dass nur allgemein von den „Bekannten" (griechisch: γνωστοί) die Rede ist, also die Jünger nicht explizit erwähnt werden. Waren sie nicht dabei oder soll „alle Bekannten" Raum lassen auch für die Anwesenheit der Jünger und sogar der Angehörigen (vgl. Joh 19,25)?[32] Man wird durch die Formulierung „und alle seine Bekannten" sicherlich auch mit der Anwesenheit von Jesu Jüngern zu rechnen haben, zumal sie nach dem Lukas-Evangelium Jesus zwar verlassen haben, aber nicht entflohen sind.[33] Damit stellt sich die Frage: Warum werden die Jünger, die für die Fortsetzung der Sendung Jesu eine so wichtige Funktion haben, nicht eigens hervorgehoben? Eine Antwort auf diese Frage kann der Hinweis bieten, dass diese Bekannten „in einiger Entfernung (vom Kreuz)" standen. Denn Jünger-Sein und In-Entfernung-Stehen passen nicht zusammen. Merkmal eines Jüngers ist es nämlich, dass er seinem Meister buchstäblich auf dem Fuße folgt und sich öffentlich zu ihm bekennt (5,11.27f). Genau das tun aber die „Jünger" seit der Gefangennahme Jesu (Lk 22,47ff) nicht mehr, weshalb Lukas auch ab diesem Zeitpunkt nicht mehr den Jüngernamen verwendet. Folg-

lich soll wohl der Hinweis „in einiger Entfernung" gerade im Blick auf etwaige Jünger (wie Lk 22,54) ausdrücken, dass von ihrer Seite aus das Jüngerverhältnis gelöst war. Daher kann man sagen: Der Bericht über den Tod Jesu schließt zwischen den Zeilen mit der Feststellung, dass Jesus von Neuem Jünger bestellen muss, wenn es weiterhin Jünger geben soll. Demgemäß stellt Lukas die Ostergeschichte unter das Thema der neuen Sammlung der Jünger durch den Auferstandenen.[34] Mit dieser Erkenntnis kann eine weitere wichtige Schlussfolgerung verbunden werden:

2. Ein Kennzeichen des Lukas-Evangeliums ist es, dass es immer wieder das Verhalten von Mann und Frau miteinander vergleicht und einander gegenüberstellt. So stehen in Parallele zueinander Zacharias und Maria (1,5//27–29 und 46//47), Simeon und Hanna (2,25//36), die Mutter des toten Sohnes und der Vater der toten Tochter (7,12//8,41), die Schriftgelehrten und die beiden Schwestern (10,25–37//38–42), der inständig bittende Mann und die Witwe (11,5–7//18,1–8), der am Sabbat Geheilte und die Geheilte (13,10–17//14,1–6), die Tochter und der Sohn Abrahams (13,16//19,9), die Hirten und die Frau (15,3–7//8–10), der Sämann und die Brotbäckerin (13,19//21), die zwei Männer und die zwei Frauen bei Jesu Wiederkunft (17,34//35).[35] Diese Komposition des Evangeliums legt stark die Vermutung nahe, dass Lukas auch hier an unserer Stelle (Lk 23,49) ganz bewusst dem „in einiger Entfernung" der Jünger das „und nachfolgen" der galiläischen Frauen gegenübergestellt hat.[36]

3. In Bezug auf das Verhalten der galiläischen Frauen enthält der zweite Teil des Verses 49 einige bedeutsame Gesichtspunkte, die im Vergleich bzw. Kontrast zum Verhalten der Jünger ein noch größeres Gewicht erhalten. So verdient als erstes das Partizip „alles mit ansehend" (griechisch: ὁρῶσαι ταῦτα) besondere Beachtung. Durch seine Feminin-Endung bezieht es sich nur auf die Frauen und weist damit ausschließlich die Frauen als Augenzeuginnen des Todes Jesu aus,[37] d.h. die „Bekannten" bzw. Jünger gelten nach Lukas nicht als Augenzeugen; sie standen nur in Entfernung dabei. Hinzu kommt, dass dieses „Sehen" der Frauen in Vers 49 im griechischen Text mit einem Verb wiedergegeben wird, das nicht nur das Zuschauen eines Ereignisses (griechisch: θεωρεῖν) umschreibt, sondern vielmehr das tiefergehende Geschehen des geistigen Sehens im Sinne

21

von einsehen, erkennen, begreifen (griechisch: ὁρεῖν) meint. Während bei Lukas die Volkscharen im vorhergehenden Vers 48 nur als Schaulustige ansehen (griechisch: θεωρεῖν), was sich bei der Kreuzigung Jesu ereignet, werden in Vers 49 die Frauen als die auch geistig Sehenden (griechisch: ὁρεῖν) beschrieben. Das „Sehen" des Hauptmannes in Vers 47 wird wiederum mit einem dritten Verb charakterisiert (griechisch: ἰδεῖν), das ursprünglich die sinnliche Wahrnehmung und Augenzeugenschaft zum Ausdruck bringt, doch auch schon zur Zeit des Lukas die gleiche Bedeutung hatte wie das Sehen als Einsehen, Erkennen, Begreifen (ὁρεῖν).[38] Damit soll sicherlich ausgesagt werden, dass die Frauen im Gegensatz zu den Volksscharen, die sich an diesem Schauspiel nur als Zuschauer die Augen weiden, zu der gleichen tiefen Einsicht kamen, wie der heidnische Hauptmann.[39] Auf jeden Fall entspricht eine solche Hervorhebung der Einsicht und des Glaubens einmal eines Heiden und zum anderen von Frauen dem besonderen Anliegen des Lukas.

4. Bemerkenswert ist auch die Verwendung des Verbes „nachfolgen". Lukas spricht nicht nur davon, dass die Frauen ihm „folgten", sondern davon, dass sie ihm „nachfolgten" (griechisch: συνακολουθεῖν). Er verwendet hier also eine Intensivbildung des einfachen griechischen Verbes ἀκολουθεῖν. Welche Absicht wird damit von Lukas verfolgt? Zunächst lässt sich die überraschende Feststellung machen, dass sich die Intensivbildung συνακολουθεῖν im Neuen Testament normalerweise immer nur auf Jesu Begleiter bezieht, während die eigentliche Christusnachfolge dem einfachen Verb ἀκολουθεῖν vorbehalten ist. Dagegen wird außerhalb des Neuen Testaments συνακολουθεῖν im übertragenen Sinn des Verstehens und Gehorchens verwendet.[40] Im Lukasevangelium fällt aber auf, dass Lukas das einfache Verb „folgen" (ἀκολουθεῖν) sowohl als Ausdruck für eine echte Nachfolge als Jesusjünger gebraucht[41] wie auch für ein nur äußeres Nachfolgen bzw. Nachgehen.[42] Aufgrund dieser unterschiedlichen Verwendung von „folgen" (ἀκολουθεῖν) ist deshalb die Tatsache, dass Lukas lediglich an einer einzigen Stelle in seinem Evangelium, nämlich hier an unserer Stelle Lk 23,49, die Intensivbildung „nachfolgen" (συνακολουθεῖν) gewählt hat, besonders bemerkenswert. Das gilt umso mehr, als Markus und Matthäus an der parallelen Stelle (Mk 15,41; Mt 27,55) die einfache Wortbildung „folgen" (ἀκολουθεῖν) benutzen. Als hei-

denchristlicher Evangelist, der sich zudem auch als Historiker verstanden wissen wollte (vgl. Lk 1,1–4), war Lukas wohl mit den Ge-
pflogenheiten der Profanschriftstellerei gut vertraut. Deshalb ist es
durchaus denkbar, dass Lukas in dem betrachteten Vers 49 ganz
bewusst „*nach*folgen" (συνακολουθεῖν) schreibt, weil er erstens die
Zweideutigkeit von „folgen" (ἀκολουθεῖν) vermeiden und zweitens
„nachfolgen" (συνακολουθεῖν) eben doch[43] im Sinn des profanen
Griechisch verstanden wissen wollte.[44] Somit könnte die Absicht des
Lukas darin bestanden haben, besonders zum Ausdruck zu bringen,
dass es gerade die galiläischen Frauen waren, die verstanden und
auch in die Tat umgesetzt hatten, was von den Jüngern erwartet wurde, worin sie aber versagten: Nachfolge als „Lebens- und Leidensge-
meinschaft mit dem Messias"[45] zu verstehen und zu leben. Wie sonst
ist die Tatsache zu erklären, dass die Nachfolge von Galiläa bis zum
Kreuz und damit das wichtige Kriterium der Kontinuität nur über die
Frauen ausgesagt wird, nicht aber von den Zwölf, den Aposteln oder
den Jüngern? Es ist „auffällig, dass dieser Bezug zu Galiläa – und damit die Kontinuität – nur
über die Frauen hergestellt
wird und dass auch das Sehen nur über die Frauen
ausgesagt wird. Die Frau-
en haben also unabhängig
von den γνωστοί, eine ei-
genständige Funktion, die
diese offensichtlich nicht
erfüllen können, nämlich
die Kontinuität zur Zeit in
Galiläa herzustellen und
Augenzeuginnen des Ge-
schehens zu sein."[46]

Die Begleiterinnen Jesu unter dem Kreuz.
Gimat, 12. Kreuzwegstation, Emaille in Sacre
Coeur, Luxemburg.

23

1.2.3 Zusammenfassung und Auswertung

So neuartig und vielleicht „feministisch" gerade die Ausführungen zu Lk 23,49 klingen, unbestreitbare Tatsache bleibt, dass Markus, Matthäus und Lukas übereinstimmend zu berichten wissen, dass Frauen Jesus von Galiläa *bis* zu seiner Kreuzigung nachgefolgt waren und somit bis zuletzt keine Angst davor hatten, als Anhängerinnen Jesu erkannt zu werden, während die Jünger ihren Messias schon längst aus Angst im Stich gelassen hatten und damit – zumindest von ihrer Seite – die Jüngerschaft aufgekündigt hatten. Damit erhebt sich die zentrale Nach- und Anfrage: Haben sich die Frauen damit nicht gerade so verhalten, wie es von seinen Jüngern zu erwarten gewesen wäre? Jünger heißt nämlich wörtlich übersetzt „Lerner" (griechisch: μαθητής). Als Jünger Jesu muss man aber nicht eine neue Lehre lernen, sondern der Jünger Jesu muss lernen, sein ganzes Leben – äußerlich und innerlich – an Jesus zu binden, sozusagen „an seiner Geschichte teilhabend"[47] zu werden, um dann Zeugnis von Jesus geben zu können. Ist es von diesem Verständnis von Jüngerschaft her zu gewagt, die galiläischen Frauen, d.h. die Frauen, die Jesus von Galiläa aus bis unter sein Kreuz gefolgt waren und somit ein mutiges und unerschrockenes Bekenntnis zu dem erst umstrittenen und dann zum Tod verurteilten „Propheten" gegeben hatten, als Jüngerinnen Jesu, ja sogar – auf dem Hintergrund des Versagens der Jünger – als die *wahren* Jüngerinnen Jesu zu bezeichnen? Ich meine nicht, denn die galiläischen Frauen haben nun einmal verwirklicht, was die Berufungen Jesu beispielhaft als Kennzeichen von Jüngerschaft aufzeigen: Sie haben alles hinter sich gelassen und sind Jesus nachgefolgt. Sie sind mit Jesus mitgezogen und haben das leidvolle Schicksal der Wanderschaft auf sich genommen – und Jesus hat offensichtlich keinen Einspruch dagegen erhoben, dass Frauen ihm freiwillig folgten.[48] Der Einwand, dass nicht einmal das betont frauenfreundliche Lukas-Evangelium das Wort „Jüngerin" (griechisch: μαθήτρια) einführt,[49] erscheint zwar auf den ersten Blick als ein stichhaltiges Argument gegen die Annahme von weiblichen Jüngern des *historischen* Jesus zu sprechen. Dieses Argument wird jedoch durch die Tatsache entkräftet, dass „Jüngerin" kein klassisch griechisches Wort ist, sondern erst bei späteren Autoren vorkommt und daher auch im Neuen Testament nur einmal vorkommt, nämlich in der Apostelgeschichte, die zeitlich nach dem Lukasevangelium verfasst worden ist. Bei der in Apg 9,26 als „Jüngerin" – μαθήτρια bezeichneten

24

Tabitha handelt es sich auch nicht um eine „Jüngerin" des *geschichtlichen* Jesus, sondern um ein „Jüngerin" des *erhöhten* Christus.[50] Somit bleibt als Fazit festzuhalten: Lukas konnte also gar nicht von „Jüngerinnen" des *historischen* Jesus sprechen, weil ihm das Begriffsmaterial dazu fehlte. Von der Sache her hat Lukas aber die galiläischen Frauen gewiss als weibliche Jünger verstanden, auch wenn er dieses Konzept nicht konsequent durchgeführt hat. Dafür, dass Lukas auch die Frauen zu den Jüngern zählt, gleichsam den Jüngerbegriff inklusiv verwendet,[51] spricht die Tatsache, dass Lukas die Frauen bereits in Lk 8,1–3 als „wandernde Jesusbotinnen"[52] und „Wandercharismatikerinnen"[53] eingeführt hat und in Lk 23,49 wieder auf sie Bezug nimmt, und zwar in einer Art und Weise, die „quasi im Rückblick den Weg sichtbar macht, den sie mit Jesus von Galiläa nach Jerusalem zurückgelegt hatten."[54] Seine mangelnde Konsequenz besteht darin, dass er die Frauen zwischen 8,1–3 und 23,49 nicht mehr explizit erwähnt. Dadurch erscheint auf der Textoberfläche auch bei Lukas die Jesusbewegung bis zur Passion als reine Männerbewegung, vom Texthintergrund her sind jedoch die in Lk 23,49 genannten Frauen „zum einen quasi rückwirkend in vorangegangene Episoden einzutragen und zum anderen im weiteren Verlauf ebenso mitzulesen."[55] Denn Lk 8,1–3 enthält den Schlüssel, „die androzentrische Sichtweise aufzubrechen und das Bild, das Lk von der Jesusbewegung zeichnet, als Bild von Männern *und* Frauen, die sich Jesus anschlossen, wahrzunehmen."[56] Insofern kann das Frauen-Konzept des Lukas als „gebrochen"[57] bezeichnet werden, da bei ihm „zwar über konkrete nachfolgende Frauen *erzählt* wird, in den Diskussionen *über* Nachfolge Frauen aber ausgeblendet oder gar ausgeschlossen sind, sodass auch hier erzählte Frauenwirklichkeit keine Auswirkungen auf weitergehende Konzepte hat."[58]

1.3 Das jesuanische Erbe in der Frauenfrage

Die beiden Kurztexte aus dem Lukas-Evangelium zeigen exemplarisch, was sich in vielen neutestamentlichen Texten spiegelt: Jesus hat sich „in seiner Begegnung mit Frauen entschieden und radikal für die menschliche Würde und Gleichheit der Frauen in einer eindeutig von Männern beherrschten Gesellschaft eingesetzt,"[59] wie es kein anderer Religionsstifter oder Prophet vor oder nach ihm je getan hat. So finden sich in der Lehre Jesu keine besonderen Anweisungen an die Frauen, wie sie sich als Frauen verhalten sollen, was sie als Frauen zu tun und zu lassen haben. Deshalb sucht man auch vergebens nach einem Wort aus dem Munde Jesu, das einen *prinzipiellen* Grund angibt, der „die Frau von Aufgaben ausgeschlossen hätte, die er Männern anvertraute. Seine Haltung gegenüber den Frauen, denen er begegnete, und die Rolle, die er der Frau zudachte in seiner Lehre, vor allem in seinen Gleichnissen, zeugen im Gegenteil von einer Achtung, die keineswegs zurücksteht hinter der Achtung, die Jesus dem Manne entgegenbrachte."[60]

Bemerkenswert in diesem Zusammenhang ist auch die Tatsache, dass überhaupt die gesamte evangelische Tradition kein einziges negatives Wort über die Frau überliefert hat; sie wird immer nur als Vorbild oder Beispiel genannt. Von Männern dagegen wird sehr wohl Negatives berichtet. Ja es wird sogar oft das Verhalten der Jünger kritisiert: z.B. die Unklarheit über das, was die Zugehörigkeit zu Jesus verlangt (Lk 9,57ff; Mt 8,19ff), die Furcht und die Sorge der Jünger, obwohl er bei ihnen ist (Mt 8,23ff; 14,13; 15,32ff par), mangelndes Verständnis für seine Predigt (Mk 4,10f; Mt 13,36), der innere und äußere Protest der Jünger gegen sein Leiden (Mt 16,22ff; Lk 22,38).[61]

Jesus verkehrte mit Frauen in einer überraschend neuen und revolutionären Art und Weise. Er begegnete ihnen vorurteilsfrei und in einer unbekümmerten Natürlichkeit. Er hatte mit ihnen in ihren Schwierigkeiten genauso Mitleid wie mit Männern (Lk 7,11–17; 7,36–50), er schämte sich ihrer Freundschaft nicht (Lk 8,2f) und ließ sie auch an seiner Botschaft teilnehmen (Lk 10,38–42), die wohl manchmal von den Frauen eher und besser verstanden wurde als von den Männern (Lk 23,27ff. 49).

Durch dieses Verhalten Jesu, das völlig frei von jeder Form einer offenen oder versteckten Missachtung der Frau war, nahm er in der antiken Welt eine entscheidend neue Wertung der Frau vor: In der Lehre Jesu wird die Frau nicht mehr nach ihrer biologischen Rolle als Frau und Mutter beurteilt, sondern als Mensch, dessen Glaube und Bereitschaft, den Willen Gottes zu tun, zählen.[62] „Das geht aber nicht auf einen Feminismus im Sinne einer modernen Befreiungsbewegung der Frau zurück, sondern einfach darauf, dass Jesus die Frauen wahrnimmt und dass er ihnen Rechnung trägt. Diese Aufmerksamkeit ist nur ein besonderer Aspekt dessen, was Jesus in seinem Evangelium am meisten am Herzen liegt: dass den Armen die Frohbotschaft verkündet wird, denn sie will er besonders befreien."[63] So war das entscheidende Motiv für dieses absolut neue Verhältnis Jesu zur Frau nicht etwa „ein gesellschaftspolitisches Programm zur Befreiung der Frau,"[64] sondern Jesu Grundverständnis der Gottes-Reich-Botschaft. Weil Jesus sich zuallererst zu den Unterdrückten und Außenseitern der Gesellschaft gesandt wusste (vgl. Mk 1,32; Mt 11,28; Lk 6,20f), darum trat er auch auf die Seite der Frauen, die zu diesen gesellschaftlich und moralisch Diskriminierten und Marginalisierten gehörten.

Dadurch, dass Jesus die Frauen mit neuen Augen betrachtet und ihnen in seiner Gemeinschaft die gleiche Stellung und die gleichen Aufgaben zugewiesen hat wie den Männern, hat er die Frau nicht nur äußerlich, sondern auch innerlich befreit. Er hat auch sie dazu berufen, sein Wort zu hören und die Gabe des Reiches zu empfangen;[65] er hat ihnen zu ihrer Selbstachtung verholfen und sie „zur vollen Selbstverwirklichung ihrer christlichen Persönlichkeit"[66] aufgerufen.

Eine Frau als Predigerin, Foto: Jaques Ardant, Limoges.
„Wenn Frauen predigen, lernen die Leute nur Böses": Das ist die Botschaft einer kleinen Glasmalerei aus Limoges (um 1564). Die Lollarden fragten bereits: „Warum sollen Frauen nicht Priester sein und wie Männer Messe lesen und predigen dürfen?"

Da Jesu Verhalten für seine Gemeinde eigentlich immer verbindlich und verpflichtend bleiben sollte, enthalten diese Ergebnisse einige kritische Anfragen an die Kirche zu ihrer Haltung gegenüber Frauen in Geschichte und Gegenwart. Denn Tatsache ist, dass die urkirchlichen Verhältnisse in der Geschlechterbeziehung nicht lange Bestand hatten. Bereits gegen Ende des ersten Jahrhunderts werden die Frauen aus ihrer gleichrangigen Stellung verdrängt. Für diese Entwicklung gelten folgende Gründe als maßgeblich: „Zum einen ließ die messianische Hochspannung der Anfangszeit unmittelbar nach Jesu Tod nach, was ganz unwillkürlich zu einer Anpassung der christlichen Gemeinden an die jüdisch-hellenistische Umwelt und ihre patriarchalen Ordnungsstrukturen führte. Zum anderen verstand sich die Kirche zunehmend als ein ‚großes Haus‘, in dem – den Regeln des antiken Hausstandes entsprechend – die Männer als die ‚Hausherren‘ (οἰκοδεσπότες) galten und die Frauen sich unterzuordnen hatten. Hinzu kam außerdem, dass sich die urchristlichen Gemeinden von aufkommenden Irrlehren, vor allem der Gnosis, abzugrenzen hatten. Da gerade die Gnosis sehr frauenemanzipatorisch ausgerichtet und die Lehrtätigkeit von Frauen in gnostischen Kreisen weit verbreitet war, geriet das öffentliche Wirken von Frauen in den christlichen Gemeinden alsbald unter Häresieverdacht."[67] Erste Zeugnisse dieser Entwicklung lassen sich auch schon im Neuen Testament ausmachen. Paradebeispiel dafür ist die bekannte und vielzitierte Textpassage aus dem Ersten Brief an die Gemeinde von Korinth, wonach die Frauen in der Kirche schweigen sollen:

> „Wie es in allen Gemeinden der Heiligen üblich ist, sollen die Frauen in der Versammlung schweigen; es ist ihnen nicht gestattet zu reden. Sie sollen sich unterordnen, wie auch das Gesetz es fordert. Wenn sie etwas wissen wollen, dann sollen sie zu Hause ihre Männer fragen; denn es gehört sich nicht für eine Frau, vor der Gemeinde zu reden. Ist etwa das Gotteswort von euch ausgegangen? Ist es etwa nur zu euch gekommen?" (1 Kor 14,33b–36).[68]

Diese Aussage wird zwar Paulus zugeschrieben, stammt aber mit großer Wahrscheinlichkeit nicht von ihm, sondern ist erst im Nachhinein hinzugefügt worden. Dafür sprechen vor allem zwei Gründe: Erstens passt der genannte Textausschnitt nicht in den Kontext des Paulusbriefes. Zweitens steht er in Widerspruch zu den sonstigen Aussagen des Paulus über die Frauen.[69]

2
Von der gehorsamen Gattin zur Frau in vielfältigen Lebensbezügen – eine Vergangenheitsbewältigung der kirchlichen Sicht

Fällt das Stichwort „Frau und Kirche", dann meistens auch der bekannte Ausspruch: „Die Frau soll in der Kirche schweigen!" Es ist schon merkwürdig, dass dieses dem Paulus zugeschriebene Wort (1 Kor 14,34) so bekannt ist, dass es einer und einem immer wieder entgegengehalten wird, und zwar auch oder gerade von Leuten, die sonst eigentlich nichts mit Theologie und Kirche am Hut haben, dass aber umgekehrt ein anderes Pauluswort sogar in kirchlich und theologisch interessierten Kreisen im Zusammenhang mit der Stellung der Frau weitgehend unbekannt zu sein scheint, nämlich die paulinische Botschaft von der Gleichwertigkeit aller Menschen:[70]

> „Denn ihr alle, die ihr auf Christus getauft seid, habt Christus (als Gewand) angelegt. Es gibt nicht mehr Juden und Griechen, nicht Sklaven und Freie, nicht Mann und Frau; denn ihr alle seid ‚einer' in Christus Jesus" (Gal 3,27f).

Hätte dieses echte Pauluswort schon früher mehr Beachtung gefunden, dann wären der katholischen Kirche wohl etliche Vorwürfe in ihrem Umgang mit dem weiblichen Geschlecht erspart geblieben. Denn Frauen sind Jahrhunderte lang in Kirche und Gesellschaft benachteiligt worden. Diese traurige Tatsache hielt aber die Frauen lange Zeit nicht davon ab, dennoch auf Glaube und Kirche zu vertrauen, sich dennoch für die Kirche in der ihnen zugewiesenen Funktion zu engagieren. Schließlich gehörte die Kirche zu einem der bekannten drei „K"s der Frau, nämlich Kinder, Küche, Kirche. Heute steht das letzte „K" nicht mehr so selbstverständlich für „Kirche", sondern eher für „Karriere".[71] „Die drei K's, um die heutige Frauenfragen kreisen, heißen kaum noch Kinder, Küche, Kirche, sondern eher Kinder, Küche, Karriere. Beruf und/oder Familie – die meisten Frauen sehen sich vor diese Alternative gestellt. Beides zu verbinden, fällt schwer. Die Tatsache, in dieser Frage überhaupt vor eine

Wahl gestellt zu werden, gehört dagegen sicherlich zu den großen Veränderungen in der Lebenssituation von Frauen."[72] Zu dieser großen Veränderung wäre es wohl ohne die so genannte „Frauenbewegung" nicht gekommen. Was hat es mit dieser Frauenbewegung auf sich? Was ist unter „Frauenbewegung" zu verstehen und was hat sie in Gesellschaft und Kirche bewirkt?[73]

2.1 Katholische Kirche und Frauenbewegung

Mit der Proklamierung der Menschenrechte in und durch die Französische Revolution war es nur noch eine Frage der Zeit, dass sich Frauen zusammenschlossen und – zunächst – in der Gesellschaft gegen ihre Unterdrückung angingen. Das ist die Geburtsstunde der so genannten „Frauenbewegung", die um das Jahr 1848 datiert wird. Als ihr Charakteristikum gilt der Kampf der Frauen, in Familie und Gesellschaft die gleichen Rechte wie die Männer zu erreichen.

Nach dem Vorbild der Frauenbewegung im gesellschaftlichen Bereich schlossen sich auch im innerkirchlichen Bereich Frauen zu Vereinigungen zusammen und traten für eine Verbesserung ihrer Situation ein. So entstanden 1903 der „Katholische Deutsche Frauenbund" (KDFB) und 1921 die „katholische Frauengemeinschaft Deutschlands" (kfd). Darüber hinaus entwickelte sich zusammen mit dem Aufbruch auf dem II. Vatikanischen Konzil die so genannte „Feministische Theologie". Sie verfolgt das Ziel einer *ganzheitlichen* Theologie, also einer Theologie, die von ihrer männlichen Einseitigkeit in Sprache und Denken befreit wird hin zu einer Theologie, die weiblichen und männlichen Menschen gleichermaßen gerecht wird.

Wer weiß, wie schwer sich die katholische Kirche mit der Anerkennung der Menschenrechte getan hat, kann sich vorstellen, dass es der Frauenbewegung als einer Konkretisierung der Menschenrechtsidee – zumindest anfänglich – nicht besser ergangen ist.

2.1.1 Die Minderbewertung der Frauen im kirchlichen Recht von 1917
Während die Frauen in weltlichen und kirchlichen Zusammenschlüssen seit 1848 um die gleichen Rechte für Männer und Frauen in Gesellschaft

und Kirche kämpften, verkündete Papst Leo XIII. rund 30 Jahre später in einem Rundschreiben von 1880:

> „Der Mann ist der Herr in der Familie und das Haupt der Frau. Sie aber, da sie Fleisch von seinem Fleisch und Bein von seinem Bein ist, soll dem Manne untertan sein und gehorchen ...".[74]

Häusliche Eintracht durch das Regiment des Mannes. Holzschnitt: Anonymus, um 1600, Nürnberg, Germanisches Nationalmuseum.
Zentral ist offensichtlich die Züchtigung der Frau – zu der der Ehemann berechtigt war –, die sie mit gefalteten Händen über sich ergehen lässt. Ein Mädchen und ein Junge sitzen in unmittelbarer Nähe des Geschehens und lernen so ihre jeweiligen Geschlechterrollen kennen. Die Szene des Karten spielenden Paars links im Hintergrund zeigt, wie harmonisch das Eheleben abläuft, wenn der Mann die Frau (notfalls mit Gewalt) an den ihr zustehenden Platz verwiesen hat.

Und auch noch 50 Jahre später hob Papst Pius XI. in seiner Enzyklika „Casti connubii" von 1930 hervor:

„... Einige Verwegene ... bezeichnen diesen Gehorsam [der Frau gegenüber dem Mann] als eine entwürdigende Versklavung des einen Eheteils durch den anderen. Beide Gatten, sagen sie, besäßen völlig gleiche Rechte. Da diese Ebenbürtigkeit durch die Sklaverei des einen Teils verletzt werde, so rühmen sie sich stolz, eine Befreiung der Frau vollzogen zu haben, oder fordern, dass sie in Bälde vollzogen werde. ... Aber das ist keine wirkliche Befreiung der Frau: sie beträgt nicht jene der Vernunft entsprechende und gebührende Freiheit, wie sie die hehre Aufgabe der Frau und Gattin fordert. Sie ist eher eine Schändung des weiblichen Empfindens und der Mutterwürde, eine Umkehrung der ganzen Familienordnung ... Diese falsche Freiheit und unnatürliche Gleichstellung mit dem Manne wird sich zum eigenen Verderben der Frau auswirken ... ."[75]

Dass es sich bei den Darlegungen von Papst Leo XIII. und Pius XI. nicht etwa nur um einmalige Entgleisungen handelte, sondern um eine realistische Spiegelung der kirchlichen Sichtweise dieser Zeit, wird durch einen Blick auf das kirchliche Gesetzbuch, den Codex Iuris Canonici (= CIC) von 1917 deutlich, dessen Abfassung zeitlich ungefähr zwischen diesen beiden päpstlichen Schreiben erfolgt ist. Denn auch im CIC/1917 wurde die Frau nur in ihrer biologischen Funktion und in ihrer Unterordnung zum Mann gesehen. Darüber hinaus war beides teilweise in frauenverachtender Art und Weise formuliert worden. So wurde z.B. schon bei einer so unscheinbaren Rechtsnorm (= Canon, abgekürzt: c.) wie der Wohnsitzregelung von Eheleuten eine klare Unterordnung der Frau vorgenommen, die noch dazu in einer frauenfeindlichen Sprache erfolgte (c. 93 §1); hier wurde nämlich die verheiratete Frau in einem Atemzug mit Geisteskranken und Minderjährigen genannt und bestimmt, dass ihr gesetzlicher Wohnsitz der des Mannes ist.

Eine die Würde der Frau verletzende Festlegung befand sich insbesondere innerhalb der Aufzählung der Pflichten der Kleriker. Dort war in der Tat folgende Verhaltensanweisung zu lesen:

§ 1. Kleriker dürfen Frauen, die verdächtig sein könnten, nicht bei sich aufnehmen oder öfters besuchen bzw. zu Besuch empfangen.

§ 2. Sie dürfen nur mit solchen Frauen zusammenwohnen, bei denen wegen des Verwandtschaftsgrades nichts Böses vermutet werden kann. Solche Frauen sind die Mutter, Schwester, Tante oder solche, bei denen wegen einer ehrbaren Lebensführung in Verbindung mit einem vorgerückten Alter jeder Verdacht ausgeschlossen ist.

§ 3. Das Urteil darüber, ob das Zusammenwohnen mit oder der Besuch von Frauen, auch solchen, auf die normaler Weise kein Verdacht fällt, in einem besonderen Fall Ärgernis bedeuten oder die Gefahr der Unenthaltsamkeit herbeiführen können, steht dem Ortsoberhirten zu, der befugt ist, Klerikern gegebenenfalls das Zusammenwohnen oder das gegenseitige Besuchen zu verbieten.

§ 4. Wer sich widersetzt, begründet die Rechtsvermutung des Konkubinates (c.133).

Diese Verhaltensregeln gegenüber dem weiblichen Geschlecht sollten vermeiden, dass die zölibatäre Lebensweise des Klerikers in Gefahr gerät.

Dem gleichen Ziel, den Kleriker vor der Versuchung durch das weibliche Geschlecht zu bewahren, war wohl die Vorschrift gewidmet, dass Frauen in der Regel nur in einem Beichtstuhl das Bußsakrament gespendet werden durfte, während Männer auch in Privathäusern problemlos das Bußsakrament empfangen konnten (c. 910). Sehr frauenfeindlich waren ferner zwei weitere Regelungen, zum einen die Bestimmung, dass im Falle der Nottaufe durch einen Laien der männliche Laie als Taufspender den Vorzug vor dem weiblichen Laien hatte (c.742 § 2), zum anderen die Rechtsnorm, wonach Frauen für den Normalfall der Ministrantendienst verwehrt war und für Ausnahmesituationen besondere Auflagen zu beachten waren:

Eine Frau darf nicht als Messdiener herangezogen werden, außer in Ermangelung eines Mannes und aus einem gerechten Grund sowie unter der Bedingung, dass die Frau nur von ferne die Antworten gibt und in keiner Weise an den Altar herantritt (c.813 § 2).

Ebenso frauenfeindlich, fast schon grotesk, waren schließlich auch die Bestimmungen, dass in Bruderschaften weibliche Mitglieder nur an den geistlichen Früchten teilhaben konnten, nicht aber am aktiven und passiven Wahlrecht (c.709 § 2), der Gesang von Klosterfrauen in einer Kirche oder Kapelle nur von einem für das Volk nicht einsehbaren Platz zu erfolgen hatte (c.1264 § 2), bei der Vermögensverwaltung ausschließlich Männer dem Bischof behilflich sein durften (c.1520 § 1; c.1521 § 1f) und nur Männer Antragsteller für einen Selig- und Heiligsprechungsprozess sein konnten (c.2004 § 1).

Zwar ist man geneigt, diese Beispielliste aus dem CIC/1917 mit dem Hinweis zu krönen, dass die Frauen auch vom Empfang der heiligen Weihe ausgeschlossen waren (c.968 § 1) und bis heute ausgeschlossen sind (c.1024 CIC/1983). Doch ist gerade diese rechtliche Festlegung mit dogmatisch-theologischen Überlegungen zu verbinden, denen ein eigenes Kapitel gewidmet ist.[76]

2.1.2 Die Aufwertung der Frauen durch Papst Johannes XXIII. und das II. Vatikanische Konzil

Gleich zu Beginn seines Pontifikates im Jahre 1959 kündigte Papst Johannes XXIII. eine grundlegende Reform der katholischen Kirche an, die im Dienst der pastoralen Erfordernisse der Zeit stehen sollte. Die Hauptarbeit dieser Reform wurde durch das II. Vatikanische Konzil in den Jahren 1962 bis 1965 und durch die Überarbeitung des kirchlichen Gesetzbuches geleistet, die im zeitlichen und vor allem auch im inhaltlichen Anschluss an das Konzil erfolgte. Eine solche Reform konnte natürlich vor der Frauenfrage nicht Halt machen. Es war höchste Zeit, die Anliegen der Frauenbewegung endlich auch im innerkirchlichen Bereich ernst zu nehmen und aufzugreifen. Johannes XXIII. war es selbst, der sich dieser Aufgabe stellte und als erster Papst in der Enzyklika „Pacem in terris" von 1963 nicht mehr von der Unterordnung der Frau unter den Mann und nicht mehr nur von der Berufung der Frau als Mutter sprach, sondern von der Würde der menschlichen Person und von gleichen Rechten der Frau sowohl im Privatbereich wie auch im Staat. Papst Johannes XXIII. konnte endlich zugestehen:

> „Die Frau, die sich ihrer Menschenwürde heutzutage immer mehr bewusst wird, ist weit davon entfernt, sich als seelenlose Sache oder als bloßes Werkzeug einsetzen zu lassen; sie nimmt vielmehr im häuslichen Leben wie im Staate jene Rechte und Pflichten in Anspruch, die der Würde der menschlichen Person entsprechen."[77]

Diese Anerkennung der grundsätzlichen Gleichwertigkeit und Gleichberechtigung von Mann und Frau durch Johannes XXIII. ist vom II. Vatikanischen Konzil aufgenommen und in mehrfacher Hinsicht entfaltet worden. Zwar hätte es den Zeichen der Zeit entsprochen, der neuen kirchlichen Sichtweise über die Frauen ein eigenes Konzilsdokument zu widmen, doch das kirchliche Bewusstsein war wohl noch nicht so weit gereift. Jedenfalls sind die Konzilsaussagen über Würde und Stellung der Frauen in verschiedenen Konzilstexten verstreut, namentlich in der Kirchenkonstitution „Lumen gentium" (= LG), der Pastoralkonstitution „Gaudium et spes" (= GS), dem Dekret über das Laienapostolat „Apostolicam actuositatem" (= AA) und der Erklärung über die christliche Erziehung „Gravissimum educationis" (= GE). So heißt es z.B. in GS 29:

„Da alle Menschen eine geistige Seele haben und nach Gottes Bild geschaffen sind, da sie dieselbe Natur und denselben Ursprung haben, da
sie, als von Christus Erlöste, sich derselben göttlichen Berufung und Bestimmung erfreuen, darum muss die grundlegende Gleichheit aller Menschen immer mehr zur Anerkennung gebracht werden. Gewiss, was die
verschiedenen physischen Fähigkeiten und die unterschiedlichen geistigen
und sittlichen Kräfte angeht, stehen nicht alle Menschen auf gleicher Stufe. Doch jede Form einer Diskriminierung in den gesellschaftlichen und
kulturellen Grundrechten der Person, sei es wegen des Geschlechts oder
der Rasse, der Farbe, der gesellschaftlichen Stellung, der Sprache oder der
Religion, muss überwunden und beseitigt werden, da sie dem Plan Gottes
widerspricht. Es ist eine beklagenswerte Tatsache, dass jene Grundrechte
der Person noch immer nicht überall unverletzlich gelten; wenn man etwa
der Frau das Recht der freien Wahl des Gatten und des Lebensstandes oder
die gleiche Stufe der Bildungsmöglichkeit und Kultur, wie sie dem Mann
zuerkannt wird, verweigert ..."

In diesem Konzilstext wird nicht nur die Anerkennung der Gleichwertigkeit aller Menschen gefordert, sondern auch theologisch begründet, und zwar in einem doppelten Sinn, nämlich sowohl mit der Schöpfungsordnung als auch mit der Erlösungsordnung. Wie schon nach dem
Schöpfungsbericht alle Menschen, gleich ob Mann oder Frau, nach dem
Ebenbild Gottes geschaffen sind (Gen 1,27), so betont auch noch einmal
die Erlösungsordnung, dass es unter den Getauften keine Unterschiede
mehr gibt, weder Sklaven noch Freie, weder Mann noch Frau (Gal 3,28).
Was diese programmatische Aussage von der Gleichwertigkeit für die
Frauen bedeutet, wird an einigen Stellen der genannten Konzilsdoku-
mente mehr oder weniger konkretisiert. So wird für den Bereich der Familie in Erinnerung gerufen, dass die Männer als Väter auch Pflichten
haben und gleichzeitig die Mütter als Frauen auch Rechte. Im Wortlaut
des Konzils ausgedrückt:

In der Familie sind „gemeinsame Beratung der Gatten und sorgfältige Zusammenarbeit der Eltern bei der Erziehung der Kinder erforderlich. Zu ihrer Erziehung trägt die anteilnehmende Gegenwart des Vaters viel bei. Aber
auch die häusliche Sorge der Mutter, deren besonders die jüngeren Kinder
bedürfen, ist zu sichern, ohne dass eine berechtigte gesellschaftliche He-
bung der Frau dadurch irgendwie beeinträchtigt wird ..." (GS 52).

Und hinsichtlich des innerkirchlichen Bereichs stellte das Konzil
im Dekret über das Laienapostolat fest:

„Da heute die Frauen eine immer aktivere Funktion im ganzen Leben der Gesellschaft ausüben, ist es von großer Wichtigkeit, dass sie auch an den verschiedenen Bereichen des Apostolates der Kirche wachsenden Anteil nehmen" (AA 9).

Hier wäre es allerdings wünschenswert gewesen, dass die Konzilsväter diese sehr allgemein gehaltene Forderung noch etwas detaillierter dargelegt hätten.

2.1.3 Die Gleichberechtigung der Frauen im kirchlichen Gesetzbuch von 1983

Angestoßen durch Papst Johannes XXIII. wurde auf dem II. Vatikanischen Konzil endlich auch innerkirchlich der Frauenfrage und dem neuen Selbstverständnis der Frauen als gleichwertige Partnerinnen der Männer Raum gegeben. Damit stellt sich die Frage, ob und wie diese Neuerung in das kirchliche Gesetzbuch eingegangen ist, das im Geist des II. Vatikanischen Konzils überarbeitet worden ist. Ist die auf dem Konzil propagierte Gleichheit und Gleichwertigkeit von Männer und Frauen in Würde und Stellung auch rechtlich umgesetzt worden? Das ist in der Tat geschehen. Von der Benachteiligung der Frauen beim Dienst des Lektorats und Akolythats[78] sowie einigen unwichtigen Ausnahmen abgesehen,[79] betrachtet der CIC/1983 die Frauen als in jeder Hinsicht ebenbürtig mit den Männern; dies geht klar aus der Aufzählung der Pflichten und Rechte aller Gläubigen hervor, den cc. 208–223 CIC/1983, wie auch aus den Bestimmungen über die Pflichten und Rechte der Laien, den cc. 224–231 CIC/1983.[80] Denn sowohl bei der Formulierung grundlegender Rechte und Pflichten aller Gläubigen wie auch bei der entsprechenden Zusammenstellung für die Laien wird nicht zwischen Männern und Frauen unterschieden.[81] Schon in der Einleitungsnorm des so genannten Grundrechtekataloges heißt es:

> „Unter allen Gläubigen besteht, und zwar aufgrund ihrer Wiedergeburt in Christus, eine wahre Gleichheit in ihrer Würde und Tätigkeit, kraft der alle je nach ihrer eigenen Stellung und Aufgabe am Aufbau des Leibes Christi mitwirken" (c. 208).

Hier wird klar gesagt, dass die fundamentale Gleichheit unter allen Gläubigen sich nicht nur auf die eine gemeinsame Tauf*würde* bezieht, sondern auch auf die eine gemeinsame *Tauftätigkeit*, nämlich den Sendungsauftrag der Kirche zu erfüllen. Somit hat also jede und jeder Christgläubige das Recht, an der Heilssendung der Kirche mitzuwirken und das Apostolat auszuüben, allerdings – wie es im Gesetzestext heißt – gemäß der „je eigenen Stellung und Aufgabe". Mit dieser Formulierung sind die sendungsspezifischen Unterschiede angesprochen, die es zwischen Klerikern, Ordensleuten und Laien gibt und geben muss (c.207), keineswegs aber etwa sendungsspezifische Unterschiede zwischen Männern und Frauen. Demzufolge wird bei fast allen kirchlichen Diensten und Ämtern, die Laien wahrnehmen können, nicht mehr wie früher zwischen männlichen und weiblichen Laien unterschieden.

Frauen gestalten Liturgie.
Foto: August Jilek

So können Laien und damit auch Frauen nach dem neuen kirchlichen Gesetzbuch unter bestimmten Voraussetzungen verschiedene gottesdienstliche Aufgaben übernehmen wie etwa die Lesung, die Predigt, die Austeilung der Kommunion, die Leitung von Gebeten und den Ministrantendienst[82] (vgl. cc.230 §§2f;[83] 766 CIC); ebenso können sie das Sakrament der Taufe spenden, einer Eheschließung assistieren und einzelne Sakramentalien spenden, wie etwa eine öffentliche Segnung, das Aschenkreuz oder die Beerdigung (vgl. cc.230 §3; 1112; 1168 CIC). Außer diesen liturgischen Tätigkeiten stehen den Frauen wie allen Laien auch verschiedene außerliturgische Dienste und Ämter offen: Sie können z.B. – in Konkretisierung des c.228 – die leitende Funktion eines Seelsorgsbereiches innehaben wie etwa als Caritasdirektorin, Leiterin von Misereor oder Leiterin des Katholischen Büros; ebenso können sie im Bereich der Forschung und Lehre Katechetin (c.776), Religionslehrerin (cc.803 §2; 805), Theologieprofessorin (cc.229 §3; 253 §1; 810) oder Akademiedirektorin werden. Des Weiteren können Frauen innerhalb eines kirchlichen Gerichtes das Amt der erkennenden Richterin in einem Richterkollegium (c.1421 §2),

37

der Beisitzerin oder der Vernehmungsrichterin (c.1424; c.1428 §2), der Kirchenanwältin und Ehebandverteidigerin (c.1435) übernehmen. Frauen können nach geltendem Recht selbstverständlich auch im pfarrlichen und diözesanen Vermögensverwaltungsrat wie auch bei anderen Formen der kirchlichen Vermögensverwaltung mitwirken (cc.492 §1; 494 §1; 537; 1279 §2; 1280; 1282; 1287 §1; 1289), in den Beratungsgremien wie dem Pastoralrat oder Pfarrgemeinderat tätig sein (cc.377 §3; 512 §2; 536 §1; 1064), an Konzilien und Synoden teilnehmen (cc.339 §2; 443 §4; 463 §2) und in der Pfarrseelsorge mitarbeiten, sei es haupt- und nebenamtlich z.b. als Pastoralreferentin oder in ehrenamtlicher Funktion (cc.517 §2; 519).

Das im Vergleich zum CIC/1917 grundlegend neue Bild über die Frauen hat sich auch innerhalb des Eherechts niedergeschlagen. Hatte der CIC/1917 in c.1111 den Ehefrauen nur hinsichtlich der Geschlechtsgemeinschaft gleiches Recht und gleiche Pflicht wie den Ehemännern eingeräumt, so ist diese Gleichheit im CIC/1983 auf die umfassende Lebensgemeinschaft ausgeweitet worden; denn c.1135 legt klar und eindeutig fest:

> „Beide Ehegatten haben gleiche Pflicht und gleiches Recht bezüglich der Gemeinschaft des ehelichen Lebens."

Dieser Rechtsformulierung liegt ein partnerschaftliches Eheverständnis zugrunde, dem auch die Wohnsitzregelung angepasst wurde; nicht mehr der Wohnsitz des Mannes ist der rechtliche Ausgangspunkt (vgl. c.93 §1, CIC/1917), sondern der gemeinsame Wohnsitz der Eheleute, wie aus c.104 CIC hervorgeht. Dort heißt es:

> „Eheleute sollen einen gemeinsamen Wohnsitz oder Nebenwohnsitz haben; aufgrund rechtmäßiger Trennung oder aus einem anderen gerechten Grund kann jeder von beiden einen eigenen Wohnsitz oder Nebenwohnsitz haben."

Desgleichen gilt nun als Herkunftsort eines Kindes der Wohnsitz der Eltern und bei getrennt lebenden Eltern der der Mutter (c.101 §1); ferner kann nach geltendem Recht sowohl der Mann wie die Frau zum Ritus der bzw. des anderen übertreten (vgl. 112 §2), während nach früherem Recht nur der Frau ein Rituswechsel zum Mann gestattet war (c.98 §4 CIC/1917). Schließlich spricht der Gesetzgeber im Zusammenhang mit der Funktion von Erziehungsberechtigten nicht mehr von der „väterlichen Gewalt" (patria potestas; c.89 CIC/1917), sondern von der „elterlichen Gewalt" (potestas parentum; c.98 §2 CIC/1983).

Werden die Frauen nicht mehr nur in ihrer biologischen Natur gesehen, sondern in ihrer Würde als menschliche Person, dann ist die frauenfeindlich-detaillierte Verhaltensanweisung an die Kleriker, wie sie in c.133 CIC/1917 enthalten war, damit nicht mehr vereinbar. Sie wurde deshalb im CIC/1983 zu einer allgemeinen und frauenunabhängigen Formulierung umgewandelt.

„Die Kleriker haben sich mit der gebotenen Klugheit gegenüber Personen zu verhalten, mit denen umzugehen die Pflicht zur Bewahrung der Enthaltsamkeit in Gefahr bringen oder bei den Gläubigen Anstoß erregen könnte" (c.277 §2).

2.1.4 Der Spagat zwischen neuem und altem Frauenbild seit dem II. Vatikanischen Konzil

Der auf dem II. Vatikanischen Konzil eingeschlagene und im CIC/1983 fortgesetzte Kurswechsel wurde und wird leider nicht in aller Klarheit weitergeführt, ja er wird sogar teilweise wieder in die alte Richtung umgebogen. Ein erstes Anzeichen hierfür war schon die „Botschaft an die Frauen", die das II. Vatikanische Konzil am 8.12.1965 verkündete.[84] Hier werden die Frauen doch wieder aufgefordert:

„Habt immer die Sorge um den Herd, die Liebe zum Leben, das Gefühl für die Wiege in euerer Hut!"

Im Anschluss daran ist von den Frauen als „Bräute, Familienmütter, erste Erzieherinnen des Menschengeschlechtes in der Verborgenheit des häuslichen Herdes" die Rede, dann von den „alleinstehende[n] Frauen" mit ihrer „Berufung zur Hingabe" und schließlich von den „gottgeweihte[n] Jungfrauen" als „Hüterinnen der Reinheit, der Uneigennützigkeit und der Frömmigkeit".

Nimmt man die Aussagen des Konzils *über* die Frauen und die Botschaft des Konzils *an* die Frauen zusammen, so zeigt sich die Kirche in der Frauenfrage im Spagat zwischen altem und neuem Frauenbild.

Auch das jüngste kirchliche Dokument zur Stellung der Frauen in Gesellschaft und Kirche, der „Brief Papst Johannes Pauls II. an die Frauen" vom 29. Juni 1995 anlässlich der IV. Weltfrauenkonferenz in Peking[85], atmet letztendlich mehr das alte als das neue Frauenbild, auch wenn man anfangs einen anderen Eindruck hat. So erklärt zwar Johannes Paul II. gleich zu Beginn:

„Auch die Kirche will ihren Beitrag zur Verteidigung der Würde, der Rolle und der Rechte der Frauen anbieten" (Nr. 1).

Gespannt auf die Konkretisierung dieser Ankündigung, wird die hohe Erwartung allerdings unmittelbar im Anschluss daran durch die Dankesworte des Papstes gedämpft. Nicht die Tatsache des Dankes, sondern die Sprache des Dankes irritiert. Denn der Papst spricht hier die Frauen fast mit den gleichen Worten an wie 20 Jahre vor ihm Paul VI., nämlich: als Mutter, als Braut, als Tochter, als Schwester, als berufstätige Frau und Frau im Ordensstand. Warum die Anrede als „Braut" statt als „Ehefrau"? Gibt es die Ehefrau etwa nur als Mutter? Und was ist mit der alleinstehenden Frau, der geschiedenen Frau, der alleinerziehenden Frau? Haben sie keinen Dank verdient? Bedenklich stimmt auch der 2. Teil des Briefes, in dem erneut die Mutterschaft und die Hingabe an die anderen als das Wesen der Frau, oder, wie der Papst sagt, als „Genius der Frau" eingeschärft wird. So führt der Papst aus:

> „In diesem Zusammenhang möchte ich den Frauen einen besonderen Dank aussprechen, die über die Familie hinaus in den verschiedenen Bereichen der Erziehungsarbeit tätig sind: in Kindergärten, Schulen, Universitäten, Fürsorgeeinrichtungen, Pfarreien, Vereinen, Bewegungen. Überall, wo das Erfordernis einer Bildungs- und Erziehungsarbeit besteht, kann man die enorme Bereitschaft der Frauen feststellen, sich in den menschlichen Beziehungen zu verausgaben, besonders für die Schwächsten und Schutzlosesten. Bei dieser Arbeit verwirklichen sie so etwas wie eine gefühlsmäßige, kulturelle und geistige Mutterschaft, die wegen ihrer Wirkung auf die Entwicklung der Person und die Zukunft der Gesellschaft von wahrhaft unschätzbarem Wert ist" (Nr.9).

Der Papst sieht offensichtlich im sozial-ethischen Bereich *das* Betätigungsfeld der Frauen, in dem ihre Berufung, ihr Genius der Hingabe sowohl in der Gesellschaft wie auch in der Kirche am wirkungsvollsten zum Tragen kommt. Weitere Ausführungen über die Berufung der Frauen in der Gesellschaft und vor allem in der Kirche folgen nicht; vergeblich sucht man nach konkreten Aussagen darüber, wie die Berufung und das Selbstverständnis der Frauen von heute im kirchlichen Raum verwirklicht werden können, wie die Sendung und das Apostolat der Frauen in kirchlichen Diensten, Aufgaben und Ämtern zum Tragen kommen und erfahrbar werden können. Im Hinblick auf den spezifisch innerkirchlichen Bereich begnügt sich der Papst vielmehr damit, lediglich auf die vieldiskutierte Frage der Frauenordination einzugehen. Und auch dabei schränkt er sich nochmals ein, indem er die Frage nach der Zulassung der Frauen zur Diakonenweihe ausschweigt und lediglich erklärt, wie der Vorbehalt der Priesterweihe für das männliche Geschlecht zu verstehen ist, nämlich als Treue zum Auftrag Jesu Christi und keineswegs als Diskriminierung der Frauen. In diesem Sinn führt Johannes Paul II. aus:

> „Wenn Christus – in freier und souveräner Entscheidung, die im Evangelium und in der ständigen kirchlichen Überlieferung gut bezeugt ist – nur den Männern die Aufgabe übertragen hat, durch die Ausübung des Amtspriestertums ‚Ikone' seines Wesens als ‚Hirt' und als ‚Bräutigam' der Kirche zu sein, so tut das der Rolle der Frauen keinen Abbruch …" (Nr.11).

Am Ende der Lektüre des Papstbriefes stellt sich die Frage: Warum bleibt der Papst in seinem zweiten Teil über die Berufung und Rolle der Frauen in Gesellschaft und Kirche zum einen so allgemein und zum anderen so einseitig auf die Vorstellung der Mutterschaft und Hingabe orientiert, dass sich zumindest in den westlichen Industrienationen nur wenige Frauen angesprochen fühlen?

2.2 Frauenbewegung und katholische Kirche

Anfang der 1990er Jahre hatte die Deutsche Bischofskonferenz das Allensbacher Institut für Demoskopie beauftragt, eine Studie zum Thema „Frauen und Kirche" durchzuführen. Als Anlass dieser Studie nannte damals der Vorsitzende der Deutschen Bischofskonferenz, Bischof Karl Lehmann, den Eindruck,

> „in den letzten Jahren habe sich in den Beziehungen zwischen Frauen und Kirche noch einmal ein neuer Schub an Veränderungen ereignet."[86]

Gemeint ist hier die Tatsache, dass der Kirche – zumindest im Bereich der Deutschen Bischofskonferenz – nun auch die mittlere Generation von Frauen zunehmend verloren zu gehen scheint. Dass immer mehr junge Frauen der Kirche den Rücken kehren, ist schon seit den 1970er Jahren bekannt; dass diese aber als Frauen der mittleren Generation weiterhin der Kirche fernbleiben, kristallisiert sich jetzt erst heraus. Der Kirchenauszug der jungen Generation von Frauen unter 30 Jahren in den 1970er Jahren macht sich also heute in der mangelnden Repräsentanz der 45- bis 69-jährigen Katholikinnen in der Kirche bemerkbar. Damit fehlt der Kirche nicht mehr nur in zunehmendem Maße die junge, sondern auch die mittlere Generation von Frauen.[87] Oder anders formuliert:

> Durch das Fernbleiben der jungen Frauen unter 30 Jahren seit den 1970er Jahren „bildete sich die Überalterung heraus, die seither so sichtbar die sonntäglichen Gottesdienstgemeinden und generell die aktiv Praktizierenden prägt."[88]

Ein Grund, wenn auch nicht der alleinige Grund, sowohl für den Auszug der Frauen aus der Kirche wie auch für deren fehlende Rückkehr in die Kirche ist sicherlich die Tatsache – wie es Bischof Karl Lehmann formuliert hat –,

> dass „die Frage der ‚Gleichberechtigung' zwischen Mann und Frau ein großes Gewicht hat und dass die Kirche hier keine besonders gute Note bekommt."[89]

Zur Verbesserung dieser Note trägt aber der Brief des Papstes an die Frauen kaum bei. Zwar tritt der Papst im ersten Teil seines Briefes an die Frauen deutlich für die Gleichwertigkeit der Frauen und gegen ihre Diskriminierung in jedem Bereich des Lebens ein; doch im zweiten Teil seines Schreibens zeichnet er ein Frauenbild, das Gefahr läuft, zur Bestätigung des Vorurteils herangezogen zu werden, dass trotz aller Fortschritte seit dem II. Vatikanischen Konzil die katholische Kirche dennoch eine reine Männerkirche geblieben ist, frauenfeindlich und lebensfern. Dass nicht gerade wenige Frauen so denken, kann mit der genannten Allensbacher Studie von 1993 belegt werden. Nach dieser Repräsentativbefragung von Katholikinnen vermuten in Deutschland 64% der katholischen Frauen zwischen 30 und 40 Jahren und 45% aller Katholikinnen quer durch die verschiedenen Altersgruppen:

> Die katholische Kirche hat „ein bestimmtes, festgefügtes Frauenbild, das die einseitig familienorientierte, sich aufopfernde und sich dem Mann unterordnende Frau zum Leitbild erklärt."[90]

Auch wenn ein starkes Gefälle zwischen den Äußerungen von kirchlich eingebundenen und kirchlich distanzierten Frauen herrscht, so meint trotzdem nur noch jede fünfte Katholikin in Deutschland, dass die katholische Kirche Verständnis für die Anliegen und Probleme moderner Frauen hat.[91] Das sollte für die Kirche Alarmzeichen höchsten Grades sein; denn wer sich nicht verstanden fühlt, kehrt demjenigen, der ihn nicht versteht, früher oder später den Rücken. Und unter den Frauen in Deutschland scheint diese Kehrtwende schon seit den 1970er Jahren in vollem Gange

Karikatur:
Johann Pumhösl

zu sein; denn nur noch 25 % der katholischen Frauen in Deutschland fühlen sich mit ihrer Kirche sehr eng verbunden, d.h. sie geben auf die Frage nach der Intensität ihrer Bindung an die Kirche bei einer Skala zwischen o und 10 die Bereiche 8–10 an.[92] Oder von der anderen Seite her betrachtet:

> „Unter jungen Katholikinnen sind diejenigen, die sich von der Kirche, aber nicht vom christlichen Glauben distanzieren, bereits wesentlich zahlreicher als die kirchengebundenen. Nur noch 15 Prozent der Unter-30-jährigen Katholikinnen bezeichnen sich als gläubiges Mitglied ihrer Kirche; 36 Prozent distanzieren sich von der Kirche, aber nicht vom christlichen Glauben; weitere 26 Prozent verweisen auf ‚eigene Glaubensansichten, eine eigene Weltanschauung‘ ganz unabhängig von den kirchlichen Lehren."[93]

In realistisch-nüchterner Betrachtung dieser Umfrageergebnisse, gerade auch unter dem Aspekt, dass die Hinführung von Kindern zu Glaube und Religion nach wie vor hauptsächlich von Frauen als Müttern und/oder Erzieherinnen in Kinderkrippe, Kindergarten und Schule geleistet wird, lautet eine wichtige und zugleich düstere Prognose, zumindest für die Kirchen in Deutschland:

> „Wenn es den Kirchen nicht gelingt, den Exodus der Frauen aufzuhalten, schneiden sie sich von der Zukunft ab. Die Kirchen verlieren nicht nur die Frauen, sondern die Familien."[94]

43

3
Nicht nur Seelsorgerin, sondern auch Amtsträgerin – Frauen im Dienst der Kirche

Was vor gut 50 Jahren noch nahezu undenkbar war, gehört inzwischen zur Alltagserfahrung: Frauen sind seelsorglich tätig, sei es in der Sakramentenvorbereitung, der Predigt oder der Sterbebegleitung, sei es als Religionslehrerin, Pastoralassistentin, Pfarrgemeinderatsmitglied oder in vielen anderen ähnlichen Funktionen. Waren die Frauen wie alle Laien früher ausschließlich die Objekte der Seelsorge, so sind sie heute auch zu Subjekten der Seelsorge geworden. Denn Pastoral ist nicht mehr wie früher nur die Aufgabe der Priester an den Gemeindegliedern und Seelsorge nicht mehr nur die isolierte Sorge für die Seele der bzw. des Einzelnen, sondern Pastoral ist die Aufgabe aller Glieder der Kirche und Seelsorge die wechselseitige Hilfe im Christsein.[95] Seelsorge ist daher jede Form von menschlicher Zuwendung, die aus einer bestimmten Grundhaltung heraus geschieht. Eckdaten dieser Grundhaltung sind erstens, sich selbst Jesus Christus verbunden zu fühlen und ihm in seiner Art der Zuwendung zum/zur Nächsten nachzufolgen; das bedeutet zweitens, die konkreten Erfahrungen von Freude und Hoffnung, Trauer und Angst des/der Anderen wahrzunehmen, in sein/ihr Leben als Ganzes einzuordnen und in der Tiefendimension, in dem Getragensein von Gott in den Blick zu nehmen, um drittens den anderen/die andere in der Beziehung zu bestärken oder wieder in Beziehung zu bringen mit dem tiefsten Grund seines/ihres Lebens: mit Jesus Christus. Somit kann Seelsorge im tiefen Sinn des Wortes nur denen gelingen, die sich selbst mit ihrem eigenen Seelenleben auseinandersetzen, sich mit ihm vertraut machen und dabei sich selbst als von Gott geliebt annehmen können. Das ist auch die Voraussetzung dafür, Seelsorge als ein wechselseitiges Geben und Empfangen zu erfahren, als ein dialogisches Geschehen, als eine Begegnung, bewirkt und getragen vom Geist Gottes.[96] Seelsorge lebt deshalb vom miteinander geteilten Glauben und von der gemeinsamen Suche nach dem Glauben.[97] Das wiederum macht deutlich: „Seelsorge definiert sich nicht durch Mann- oder Frausein, aber auch nicht durch Amt, Ordination und Theologiestudium. Seelsorge definiert sich vielmehr durch ganz bestimmte spirituelle und persönliche Voraussetzungen, die durch Ausbildung diszipliniert und weiterentwickelt werden können, auch wenn es auf diesem Gebiet – gerade unter Frauen – ausgesprochene ‚Naturbegabungen' zu geben scheint. Und auch das Leben selbst kann Fähigkeiten reifen lassen: Beziehungskompetenz, Selbsttranszendenz, Erfahrungen mit Gott, die Fähigkeit zur Hingabe an Christus und den Nächsten."[98]

3.1 Weibliche Erfahrungs- und Wahrnehmungssplitter

Frauen, die in der Seelsorge tätig sind, sei es ehren-, neben- oder hauptamtlich, können immer wieder Hinweise hören wie: „Irgendwie bringen Sie eine ganz neue Atmosphäre rein. Es sind jetzt viele Dinge möglich, an die früher keiner und keine gedacht hat, die auch keiner sich zugetraut hätte, die sich keine gewagt hätte – es ist offener, freier und ehrlicher geworden – irgendwie ist mehr Lebendigkeit da."

Viele Frauen reagieren darauf verlegen und neigen dazu, solche Äußerungen als Lobhudelei aus bestimmtem Anlass abzutun. Ich sehe das anders, ich bin davon überzeugt, dass das, was viele Frauen in die Seelsorge einbringen, eine Qualität ist, die oft nur Frauen zu zeigen und zu leben wagen, ob sie es wissen oder nur unbewusst tun: die *Ganzheitlichkeit*, das heißt all das, was ihr Leben ausmacht, was sie in der Schule des Lebens gerne gelernt und erfahren haben, aber auch, was sie dort lernen und erfahren mussten. Offensichtlich haben gerade darin „Frauen den meisten Männern eine Menge voraus. Ob es die Einseitigkeit der durchschnittlichen Männerbiographie ist, die – keineswegs immer frei gewählte, sondern gesellschaftlich geforderte – Fixierung auf Beruf, Karriere, Leistung, Statusgewinn, die Männer so häufig immunisiert gegen das Leben selbst? Tatsache ist: Männer entwickeln weitaus bessere Schutzmechanismen gegenüber den Abgründen und Zumutungen des Lebens als Frauen. Sie neigen dazu, Leid und Tränen, aber auch allzu viel Nähe und Vertrautheit zu fliehen – manchmal aus emotionaler Trägheit, manchmal aus Angst und Hilflosigkeit."[99]

Meistens sind es Frauen, die es wagen, sich nicht nur einseitig mit dem Verstand oder dem Gefühl einzubringen, sondern mit beidem, mehr

Postkarte: KDFB Köln

noch: mit *allen* Sinnen, mit ihrem Körper, mit ihren Gefühlen und mit ihrem Verstand. Und genau das ist etwas ungemein Neues. Überall dort, wo Frauen den Mut finden, sich selbst mit ihren eigenen Gedanken und Gefühlen ernst zu nehmen und das, was sie dabei entdecken, auszudrücken, erleben sie sich selbst als kompetent Handelnde in Gesellschaft und Kirche. Und durch dieses Gewahr-Werden der eigenen Fähigkeiten entsteht oft nach und nach ein neues Selbstbewusstsein. Denn genau dieses Erleben und Ausleben eigener Fähigkeiten, eben der Ganzheitlichkeit, ist für viele Frauen eine Gegenerfahrung zu ihrer Geschichte in der Kirche, die sie oft klein, passiv und machtlos gemacht hat. Besonders markant ist diese Gegenerfahrung im Bereich der Liturgie und des Gottesdienstes. Deswegen hat sich hier auch zuerst eine spezielle Frauenliturgie und damit eine eigene weibliche Spiritualität entwickelt. Was ist damit gemeint?

Spezielle Frauenliturgie bzw. weibliche Spiritualität bedeutet ganz einfach, „aus dem Blickwinkel als Frau mit allen Sinnen in sich hinein zu spüren und dem, was frau [sic!] entdeckt, Ausdruck zu verleihen. Und wenn Frauen sich und ihr Leben bewusst als Frauen wahrnehmen, entdecken sie anderes als Männer und somit anderes als das, was ihnen in dieser Gesellschaft und Kirche bislang vermittelt wurde und was sie verinnerlicht haben."[100]

Von weiblichen Aspekten ausgehen kann somit schlicht und ergreifend bedeuten, dass Frauen als Einzelne und in der Gemeinschaft von Frauen nachspüren, was sie wirklich bewegt oder was ihnen gut tun würde, d.h. ihre Bedürfnisse und Impulse wahrnehmen, annehmen und ernst nehmen, sie in einem weiteren Schritt aussprechen und ausdrü-

cken, auch und gerade in neuen, ungewohnten und unüblichen Aus-
drucksformen und sie schließlich in die verschiedenen Lebensvollzüge
von Gemeinde und Kirche durch Wort und Tat einbringen, manchmal
auch einfordern. Dabei ist es „wichtig, dass sich Frauen über das Wagnis
einer solchen Suchbewegung keine Illusionen machen. Streckenweise
haben sie mit Ängsten, Orientierungslosigkeit, Verletzungen, Wider-
stand, Ablehnung, auch mit einer manchmal schier unaushaltbar schei-
nenden Spannung und Fremdheit zu rechnen."[101] Umso sinnvoller ist
es, dass sich Frauen hierbei vernetzen, ihre Erfahrungen miteinander
austauschen und einander solidarisch unterstützen.

3.2 Kirchliche Grundaussagen zum Verhältnis von Seelsorge und Amt

Frauen in der Seelsorge sind inzwischen selbstverständlich geworden.
Dennoch werden sie nur selten explizit als „Seelsorgerinnen" betitelt und
angesprochen – ganz zu schweigen davon, dass sie als kirchliche „Amtsträgerinnen" bezeichnet werden.

Machte man eine Umfrage unter katholischen Christinnen und
Christen, was unter „Amt" und „AmtsträgerIn" in ihrer Kirche zu verstehen ist, würde wohl am häufigsten die Antwort lauten: Amt in der
katholischen Kirche ist gleichbedeutend mit dem Weiheamt; Amt meint
das geistliche Amt, das Amt der Geweihten und deshalb können nur
die Geweihten als Amtsträger bezeichnet werden, kann nur ein Kleriker Amtsträger sein. Selbst in offiziellen Dokumenten der katholischen
Kirche wird Amt in diesem Sinn verstanden und verwendet. So heißt es
z.B. in der „Rahmenordnung für Ständige Diakone in den Bistümern der
Bundesrepublik Deutschland" vom 24. Februar 1994, dass der Ständige
Diakonat „dem kirchlichen Amt zugehört" und dass sich „das kirchliche
Amt ... in seiner dreifachen Ausformung von Episkopat, Presbyterat und
Diakonat ... vollzieht."[102] Dieser Sprachgebrauch erweckt den Eindruck,
als sei das kirchliche Amt auf das Weiheamt beschränkt und könne des-
halb nur Klerikern übertragen werden. Gerade das ist aber nicht der Fall.
Das wird besonders deutlich, wenn man die theologisch-rechtlichen Be-
stimmungen über das kirchliche Amt näher betrachtet.

Dem Thema des kirchlichen Amtes ist im kirchlichen Gesetzbuch von 1983 ein ausführlicher Passus gewidmet. Aus den über 40 kirchlichen Rechtsbestimmungen zum kirchlichen Amt (cc. 145–196) sind folgende Aspekte besonders hervorzuheben:

a) Den vielen Einzelbestimmungen zu den verschiedenen Formen der Übertragung und des Verlustes eines kirchlichen Amtes hat der kirchliche Gesetzgeber eine Definition über das „Kirchenamt" vorangestellt. Ihre kurze und prägnante Aussage hat folgenden Wortlaut:

> „Kirchenamt ist jedweder Dienst, der durch göttliche oder kirchliche Anordnung auf Dauer eingerichtet ist und der Wahrnehmung eines geistlichen Zweckes dient" (c. 145 §1).

Aus dieser Definition geht klar hervor, dass zwar jedes Kirchenamt ein Dienst ist, der einen geistlichen Zweck verfolgt, nicht aber schon jeder Dienst solcher Art ein Kirchenamt ist. Dienst und Amt in der Kirche haben also Gemeinsamkeiten und Unterschiede.

Die Gemeinsamkeit besteht eindeutig darin, dass beide die „Wahrnehmung eines geistlichen Zweckes" verfolgen. Da die „Wahrnehmung eines geistlichen Zweckes" unabdingbare Eigenschaft des Dienstes wie des Amtes in der Kirche ist, sind beide, sowohl der Dienst wie auch das Amt, Relationsbegriffe, also Begriffe, die von ihrer Ziel- bzw. Zwecksetzung her zu bestimmen sind und nicht umgekehrt.

Der Unterschied zwischen Amt und Dienst in der Kirche ist das Kriterium der Dauerhaftigkeit. Denn ein kirchlicher Dienst kann einmalig oder nur vorübergehend sein (z.b. Predigtdienst, Besuchsdienst, Dienst in der Sakramentenvorbereitung), ein Amt ist dagegen ein auf Dauer eingerichteter Dienst mit bestimmten Rechten und Pflichten (z.b. Pfarramt, Bischofsamt). Die Dauerhaftigkeit drückt sich auch darin aus, dass das kirchliche Amt „in seiner Existenz unabhängig [ist] vom jeweiligen Amtsinhaber. Gleichwohl ruht das kirchliche Amt nicht in sich selbst, sondern hat nur einen Sinn, wenn es jemandem übertragen wird".[103] Wer daher z.b. auf Dauer mit dem Dienst des Lektors oder der Kommunionhelferin beauftragt ist oder den Dienst des Gemeindereferenten oder der Religionslehrerin ausübt, hat ein kirchliches Amt inne, auch wenn die Tätigkeit als „Dienst" bezeichnet wird. Ebenso sind solche Berufe in der Kirche wie die des Richters, der Ordinariatsrätin, des Abteilungsleiters, der Ehebandverteidigerin, des Kirchenanwaltes und der Theologieprofessorin eindeutig Kirchenämter, unabhängig davon, ob sie so betitelt werden oder nicht. Warum hier mit Vorliebe von „Diensten" statt von „Ämtern" die Rede ist, hängt wohl damit zusammen, dass der Ausdruck „Dienst" oft als Synonym für das laikale Amt in Abhebung zum klerikalen Amt verstanden wird.[104] Das wird aber dann doch nicht konsequent durchgehalten, da ausnahmslos nicht von „Ehrendiensten" in der Kirche gesprochen wird, sondern von „Ehrenämtern", unabhängig davon, ob sie von Laien oder Klerikern wahrgenommen werden.[105] Von diesem widersprüchlichen Sprachgebrauch abgesehen ist jedoch generell festzuhalten: Die Verwendung von „Dienst" als Umschreibung des laikalen Amtes ist keineswegs schlüssig, da auch das klerikale Amt oft als „Dienst" bezeichnet wird, ja sogar mit Vorliebe als „Dienstamt" charakterisiert wird.[106] Der Ausdruck „Dienstamt" ist aber ein Pleonasmus, denn definitionsgemäß ist jedes Amt ein Dienst.[107]

b) Wie die bisherigen Überlegungen bereits deutlich gemacht haben, ist als kirchliches Amt nicht nur der geistliche Dienst der Kleriker zu verstehen, sondern jeder dauerhaft eingerichtete Dienst, der einen geistlichen Zweck verfolgt, unabhängig davon, ob er von einem Kleriker oder einem Laien, Mann oder Frau wahrgenommen wird. Deshalb wird auch innerhalb des Katalogs der „Pflichten und Rechte der Laien" (cc. 224–231) explizit hervorgehoben:

> Laien, die als geeignet befunden werden, sind befähigt, von den geistlichen Hirten für jene kirchlichen Ämter und Aufgaben herangezogen zu werden, die sie gemäß den Rechtsvorschriften wahrzunehmen vermögen" (c. 228 §1).

Allerdings gilt kirchenrechtlich auch, dass Laien nicht alle Ämter in der Kirche wahrnehmen können, sondern von den Ämtern ausgeschlossen sind, die an den Empfang der Weihe gebunden sind. Denn der kirchliche Gesetzgeber hat dies klar und eindeutig festgelegt – zwar nicht im unmittelbaren Kontext, sondern an zwei verschiedenen Stellen verstreut:

> „Ein Amt, das der umfassenden Seelsorge dient, zu deren Wahrnehmung die Priesterweihe erforderlich ist, kann jemandem, der die Priesterweihe noch nicht empfangen hat, nicht gültig übertragen werden" (c. 150).

> „Allein Kleriker können Ämter erhalten, zu deren Ausübung Weihegewalt oder kirchliche Leitungsgewalt erforderlich ist" (c. 274 §1).

Ämter, die der umfassenden Seelsorge dienen, können also nur von Priestern wahrgenommen werden, nicht aber von Laien und Diakonen (c. 150), und Ämter, zu deren Ausübung Weihegewalt oder kirchliche Leitungsvollmacht erforderlich ist, können nur Klerikern übertragen werden, also Diakonen, Priestern und Bischöfen (c.274 §1).

c) In der katholischen Kirche gibt es Ämter kraft göttlicher und kraft menschlicher Einrichtung. „Kraft göttlicher Einrichtung" besagt, dass diese Ämter auf den Willen Gottes in Jesus Christus durch den Heiligen Geist zurückgehen, deshalb unabdingbar zum Wesen der Kirche gehören und in ihrem Kern unwandelbar sind. Ämter kraft menschlicher Einrichtung sind dagegen im Laufe der Geschichte aufgrund pastoraler Notwendigkeit entstanden und können deshalb in gewandelten Zeiten und bei neuen Erfordernissen verändert werden. Das Amt des Papstes (c.331), des Bischofskollegiums (c.336) und des Bischofs (c.375 §1) gelten eindeutig als Ämter kraft göttlichen Rechts, da sie auf die Weisung des Herrn zurückgehen (c.330). Theologisch und kirchenrechtlich offen ist die Einordnung des Diakonen- und Priesteramtes, die zusammen mit dem Empfang des Sakraments der Diakonen- bzw. Priesterweihe übertragen werden; denn es ist noch nicht geklärt, ob nur die für das Bischofsamt notwendige Bischofsweihe als die Fülle des Weihesakramentes kraft göttlicher Weisung existiert, während die weihesakramentalen Grade für das Priester- und Diakonenamt kraft kirchlichen Rechtes geschaffen worden sind, oder ob neben der Bischofsweihe auch die Priester- und Diakonenweihe als Ausfaltungen des *einen* Weihesakramentes (cc.1008f) ebenfalls auf göttliches Recht zurückzuführen sind. Alle anderen Kirchenämter sind Einrichtungen des menschlichen Kirchenrechts.[108]

d) Ist ein Amt eingerichtet, ist es zwar dauerhaft, aber keineswegs unwandelbar; ganz im Gegenteil: Die Gestalt der Ämter ist den jeweiligen Zeiterfordernissen und Erkenntnisfortschritten anzupassen, allerdings nicht in der Weise der beliebigen Gestaltungsfreiheit, sondern so, dass der Kernbereich des Amtes „entsprechend dem fortschreitenden Offenbarungsverständnis und den sich wandelnden Lebensbedingungen der Kirche"[109] entfaltet und damit verdeutlicht wird. Während bei den Ämtern göttlichen Rechts der Kernbereich des Amtes zwar je neu ausgedrückt werden kann, in seiner Substanz jedoch unwandelbar ist, kann ein Amt menschlichen Rechts auch in seiner Substanz verändert und sogar ganz abgeschafft werden.

e) Unabdingbare Voraussetzung zur Übernahme eines kirchlichen Amtes ist ein spezieller kirchlicher Sendungsauftrag, der als kanonische Amtsübertragung bezeichnet wird. In diesem Sinne wird im kirchlichen Gesetzbuch vorgeschrieben:

„Ein Kirchenamt kann ohne kanonische Amtsübertragung nicht gültig erlangt werden" (c.146).

Wo und wenn ein kirchenamtlicher Sendungsauftrag erteilt wird, kann dieser in unterschiedlichen Formen erfolgen wie z.B. durch Beauftragung, Zulassung, Einsetzung, Bestätigung einer Wahl, Erteilung einer Befugnis oder eines sog. Nihil-obstat (= Nichts steht im Weg). Demzufolge haben z.b. jene Vorsitzende eines kirchlichen Gremiums, deren Wahl durch die kirchliche Autorität bestätigt worden ist, ein Amt inne, während jene, deren Wahl keiner Bestätigung bedarf, einen Dienst ausüben. So übt die Vorsitzende des Pfarrgemeinderates, deren Wahl nicht bestätigungsbedürftig ist, einen Dienst aus, der Diözesanratsvorsitzende, dessen Wahl vom Diözesanbischof bestätigt werden muss, ein Amt. Ebenso hat der Präsident des Zentralkomitees der Katholiken (= ZdK) ein Amt inne, da seine durch die Vollversammlung erfolgte Wahl von der Deutschen Bischofskonferenz bestätigt werden muss; die vier gewählten Vizepräsident(inn)en üben dagegen einen Dienst aus, weil ihre Wahl weder der Zustimmung noch der Bestätigung durch die zuständige kirchliche Autorität bedarf.

3.3 Der gestufte Zugang zum Amt als rechtliche Konsequenz seiner sakramentalen Verankerung

Dass nicht jeder und jede jedes Amt wahrnehmen kann, versteht sich von selbst. Doch warum stehen die Ämter, die Weihe- oder Leitungsgewalt beinhalten, allein Klerikern offen (c. 274 § 1)? Und aus welchem Grund können Ämter, die der umfassenden Seelsorge dienen, sogar nur Priester ausüben (c. 150)? Sind das nicht Relikte aus vergangenen Zeiten? Die Antwort ist ein klares Nein. Diese rechtlichen Festlegungen sind vielmehr die Konsequenz des Selbstverständnisses der katholischen Kirche, Heils-Sakrament zu sein. Katholische Kirche versteht sich als Instrument Gottes zur Verwirklichung des Heils in der Welt, wie es Jesus Christus verkündet und gelebt hat. Demzufolge ist die Person Jesu Christi Bezugspunkt jedes Amtes in der katholischen Kirche. Freilich fällt diese Bezugnahme auf Jesus Christus hinsichtlich ihrer Intensität unterschiedlich aus. Während sie z.b. beim Amt des Ökonomen eher implizit sein kann, muss sie beim Amt der Religionslehrerin explizit sein. Nicht nur ausdrückliche Bezugnahme, sondern ausdrückliche Bezugnahme in größtmöglicher Dichte, nämlich mit der ganzen Person ist schließlich für die zentralen Ämter, die Schlüsselämter der katholischen Kirche erforderlich. Dazu zählen die Leitungsämter der Kirche wie sie Papst, Bischof und Pfarrer zukommen. Die Inhaber dieser Leitungsämter neh-

FRAUEN ALS AMTSTRÄGER

Karikatur: Johanna Ignjatovic

men nicht nur explizit auf Jesus Christus Bezug, sondern repräsentieren die ganze Person Jesu Christi und setzen sie dadurch gegenwärtig, und zwar nicht kraft ihrer Funktion, sondern kraft ihrer Weihe.[110] Ein Leitungsamt in der Kirche beinhaltet daher nicht nur den sozialen Aspekt von Leitung, sondern immer auch den religiös-geistlichen Aspekt, Jesus Christus, das Haupt der Kirche zu vergegenwärtigen. Anders gesagt: Ein kirchliches Leitungsamt ist stets umfassend von der ganzen Person Jesu Christi her geprägt. Deshalb kommt den Inhabern von Leitungsämtern die Einheit und Ganzheit des dreifachen Dienstes Jesu Christi (Verkündigung, Heiligung, Leitung) zu, während die anderen Glieder der Kirche in je eigener und gestufter Weise „nur" daran teilhaben. Insgesamt lassen sich drei Stufen der Teilhabe voneinander abheben:

1. die allgemeine Teilhabe kraft Taufe und Firmung,
2. die autoritative Teilhabe kraft Taufe, Firmung und kirchenamtlicher Sendung,
3. die Fülle der Teilhabe an der Autorität Christi kraft Taufe, Firmung und Weihe zusammen mit einer kirchenamtlichen Sendung.

Einheit und Ganzheit bedeutet einerseits, dass das Leitungsamt in der Kirche nicht einfach in Einzelfunktionen aufgeteilt werden kann, andererseits aber auch, dass die Priester und Bischöfe die mit ihrem Leitungsamt verbundenen Dienste und Ämter nicht alle selbst ausüben sollen und müssen. Einheitliche und ganzheitliche Leitung heißt vielmehr, dass der Priester und Bischof für die Gewährleistung und Ausführung aller einzelnen Dienste und Ämter der Verkündigung, Heiligung und Leitung in ihrem Kompetenzbereich die (Letzt-)Verantwortung tragen und alle einzelnen Dienste und Ämter zu einer Einheit zusammenführen sollen und müssen. Dieses Amt der Letztverantwortung und Zusammenführung zur Einheit findet in der Feier der Eucharistie seinen sakramentalen und daher dichtesten Ausdruck.[111]

Der Tatsache der gestuften Teilhabe am Leitungsamt entsprechend ist zu differenzieren zwischen Kirchenämtern, welche die Ausübung von einzelnen Diensten und Ämtern der Verkündigung, Heiligung und Leitung beinhalten und deshalb von Laien wie von Klerikern wahrgenommen werden können, und solchen, mit denen die Pflicht zur Gewährleistung aller Funktionen der Seelsorge, eben der umfassenden Seelsorge verbunden ist. Ämter der umfassenden Seelsorge können nur Priester wahrnehmen, da Kennzeichen der umfassenden Seelsorge die Einheit und Ganzheit des

Verkündigens, Heiligens und Leitens ist. Daher sind Ämter der umfassenden Seelsorge zugleich Leitungsämter und umgekehrt.

3.4 Das Zuviel und zugleich Zuwenig an rechtlichem Fortschritt bei der Laienseelsorge in der Pfarrei

Kirche ist Communio und Volk Gottes; zu ihr gehören Laien ebenso unabdingbar wie Kleriker, Frauen genauso wie Männer. Die einen können die anderen nicht ersetzen oder überflüssig machen. Entscheidend ist vielmehr, dass sie miteinander die Sendung der Kirche wahrnehmen und damit der Seelsorge dienen. Denn alle Glieder der Kirche haben kraft ihrer Taufe – und nicht etwa erst durch einen kirchlichen Amtsträger vermittelt – am dreifachen Amt Christi teil, und sind dadurch, jede und jeder auf ihre und seine Weise, zur Ausübung des Sendungsauftrages der Kirche berufen. Diese Aussage wird im kirchlichen Gesetzbuch gleich zu Beginn des kirchlichen Verfassungsrechtes getroffen:

> „Gläubige sind jene, die durch die Taufe Christus eingegliedert, zum Volke Gottes gemacht und dadurch auf ihre Weise des priesterlichen, prophetischen und königlichen Amtes Christi teilhaft geworden sind; sie sind gemäß ihrer Stellung zur Ausübung der Sendung berufen, die Gott der Kirche zur Erfüllung in der Welt anvertraut hat" (c. 204 §1).

Nach dem theologischen und rechtlichen Konzept der katholischen Kirche ist dabei allerdings zu beachten, dass Laien zwar einzelne Dienste und Ämter der Seelsorge wahrnehmen können, nicht aber die Seelsorge als Ganzes. Denn die Ausübung der umfassenden Seelsorge ist an die Priesterweihe gebunden (c. 150). Der Zusammenhang zwischen umfassender Seelsorge und Priesterweihe kommt treffend im Bildbegriff der „Hirtensorge" zum Ausdruck, der als Synonym für die Seelsorge im umfassenden Sinn verwendet wird,[112] und zwar vor allem in den kirchenrechtlichen Bestimmungen zur Pfarrei. So wird z.B. in einer Grundaussage klar und unmissverständlich festgehalten:

> „Der Pfarrer ist der eigene Hirte der ihm übertragenen Pfarrei; er nimmt die Hirtensorge für die ihm anvertraute Gemeinschaft unter der Autorität des Diözesanbischofs wahr, zu dessen Teilhabe am Amt Christi er berufen ist, um für diese Gemeinschaft die Dienste des Lehrens, des Heiligens und des Leitens auszuüben, wobei auch andere Priester und Diakone mitwirken sowie *Laien nach Maßgabe des Rechts mithelfen*" (c. 519).

Diese prinzipielle Rechtsaussage des c.519, wonach Laien bei der Hirtensorge lediglich „mithelfen", aber nicht wie Priester und Diakone „mitwirken" können, muss allerdings dann nicht eingehalten werden, wenn Priestermangel besteht. Denn für diese Notsituation hat der kirchliche Gesetzgeber folgende Regelung vorgesehen:[113]

> „Wenn der Diözesanbischof wegen Priestermangels glaubt, einen Diakon oder eine andere Person, die nicht die Priesterweihe empfangen hat, oder eine Gemeinschaft von Personen an der Ausübung der Hirtensorge einer Pfarrei beteiligen zu müssen, hat er einen Priester zu bestimmen, der, mit den Vollmachten und Befugnissen eines Pfarrers ausgestattet, die Hirtensorge leitet" (c. 517 §2).

Wie wirkt sich hier die unterschiedliche Teilhabe an der Hirtensorge für die Person ohne Priesterweihe und für den Priester aus? Welche Rechtsstellung kommt jedem von beiden zu? Nach dem Inhalt des ersten Satzgliedes des c.517 §2 kann der Diözesanbischof Personen ohne Priesterweihe „an der Ausübung der Hirtensorge einer Pfarrei beteiligen". Dies geschieht kraft kirchenamtlicher Sendung. Diese Sendung darf sich natürlich nur im Rahmen der Fähigkeiten und Befugnisse bewegen, die der nichtpriesterlichen Person zukommen. Nimmt man der Einfachheit halber an, die nichtpriesterliche Person ist eine Frau, dann gilt hier: Der Diözesanbischof kann die Frau beauftragen, im Namen der Kirche in einer Pfarrei die Hirtensorge so weit auszuüben wie es ihr aufgrund von Taufe und Firmung zukommt. Das heißt konkret, dass die Frau nahezu alle Dienste und Ämter eines Pfarrers übernehmen kann; ausgenommen sind nur die drei an die Priesterweihe gebundenen Dienste und Ämter: der Eucharistiefeier vorzustehen (c.900), das Bußsakrament (c.965) und die Krankensalbung zu spenden (c.1003). In der Rechtstatsache, dass die Frau als nichtpriesterliche Person einige Dienste und Ämter in der Pfarrei nicht ausüben darf, kommt zum Ausdruck, dass sie zwar an der Ausübung der Hirtensorge teilhat, nicht aber die (volle) Hirtensorge innehat. Demzufolge heißt es auch im zweiten Satzteil, dass in diesem Fall ein Priester zu bestimmen ist, der die Hirtensorge leitet und zu diesem Zwecke mit den Vollmachten und Befugnissen eines Pfarrers ausgestattet wird, ohne aber Pfarrer in dieser Pfarrgemeinde zu sein. Nach c.517 §2 wird also der zur Leitung der Hirtensorge bestellte Priester mit einzelnen Vollmachten und Befugnissen eines Pfarrers ausgestattet, nicht aber mit der Vollmacht eines Pfarrers insgesamt.

Der für die Leitung der Hirtensorge zu bestellende Priester wird in der Praxis entweder der Pfarrer einer anderen Gemeinde sein oder ein Priester, der hauptamtlich einen kategorialen Dienst ausübt und nebenamtlich die Hirtensorge der priesterlosen Gemeinde leitet, oder theoretisch auch ein Priester, der mehrere Pfarreien zugleich leitet. Der besagte Leitungsdienst des Priesters (nicht des Pfarrers!) wird im Lateinischen mit dem Verb *moderari* umschrieben, das nicht nur *leiten*, sondern auch *koordinieren* und *repräsentieren* bedeutet, sodass diesem Priester vor allem drei Funktionen zukommen: Erstens repräsentiert er Christus, das Haupt der Kirche, und nimmt die streng an die Priesterweihe gebundenen Dienste und Ämter wahr; zweitens leitet er als Repräsentant Christi die Hirtensorge und drittens koordiniert und überwacht er die konkrete Ausübung der Hirtensorge.

Wie genau der Priester sein Amt der Hirtensorge ausübt und in welcher Art und Weise die Frau als nichtpriesterliche Person an der Wahrnehmung der Hirtensorge beteiligt ist, wird im CIC/1983 nicht näher ausgeführt, sondern zur konkreten Ausgestaltung dem teilkirchlichen Gesetzgeber, also in der Regel dem Diözesanbischof, überlassen. Dadurch ist es möglich, dass die Abgrenzung der Tätigkeitsbereiche den jeweiligen Verhältnissen und Umständen der Teilkirchen angepasst werden können.

Diese Ausnahmeregelung des c.517 §2 wird nicht nur vereinzelt angewendet, sondern ist inzwischen – zumindest im deutschsprachigen Raum – vielerorts zur Regel geworden. Dabei hat sich gezeigt, dass genau das, was theologisch und rechtlich nicht eintreten sollte, eingetreten ist: Überall dort, wo kein Pfarrer mehr ist, wird die Person, die den größten Teil der täglichen Pfarrseelsorge bzw. Hirtensorge ausübt, zumeist als eine Art „Quasi-Pfarrer" betrachtet, während der zur Leitung der Hirtensorge bestellte Priester gleichzeitig ständig Gefahr läuft, nur in einer einseitig kultischen Beziehung zur Gemeinde zu stehen, gleichsam zu einem Zeremonienmeister zu werden. Trotz aller theoretischen und subtilen Unterscheidungen kann somit also eine Frau nach c.517 §2 in einer Pfarrei faktisch die Funktion eines Priesters übernehmen, nämlich Leiterin der Pfarrseelsorge zu sein. Wer dies leugnet, nimmt den Inhalt von c.517 §2 nicht ernst, sondern versteht ihn im Sinne von c.519, in dem auch von Laien die Rede ist, die an der Ausübung der Hirtensorge beteiligt sind; allerdings wird in c.519 klar und unmissverständlich gesagt, dass die Laien nur „mithelfen", also dem Pfarrer als eigenem Hirten untergeordnet sind. Im Unterschied zu c.519 muss davon ausgegangen werden, dass Laien nach c.517 §2 in ihrer Beteiligung an der Hirtensorge nicht in unter-, sondern gleichgeordneter Stellung zu dem moderierenden Priester mit den Vollmachten eines Pfarrers stehen.

Aus theologisch-rechtlicher Sicht ist daher zusammenfassend festzuhalten: Mit der Rechtsfigur des c.517 §2 hat der universalkirchliche Gesetzgeber den Versuch der Quadratur des Kreises unternommen bzw. entweder zu viel oder zu wenig an theologisch-rechtlichem Fortschritt gebracht. *Zu viel* deshalb, weil er die an die Priesterweihe gebundene Seelsorge in Fülle, also die Hirtensorge – zwar nur in Ausnahmesituationen – faktisch einem Laien überträgt und damit den Laien, Frau oder Mann, praktisch zur Leiterin bzw. zum Leiter der Pfarrseelsorge macht, auch wenn dies rein rechtlich dem Priester zugeschrieben wird. *Zu wenig*, weil die Priesterweihe weiterhin an die zwei Voraussetzungen gebunden bleibt: männliches Geschlecht und Zölibat, sodass verheirateten Männern und (un)verheirateten Frauen die Priesterweihe und damit das Leitungsamt in Fülle nicht übertragen werden kann.

Mit diesem Zuviel und Zuwenig zugleich kann aber die „kooperative Pastoral" – die seit einigen Jahrzehnten vielzitierte Zauberformel der katholischen Kirche – nicht gelingen. Denn die kooperative Pastoral braucht genügend Priester. Oder anders gesagt: Kooperative Pastoral und Priestermangel können nicht wirklich zusammengehen; „sonst besteht die Gefahr, das Priesteramt allmählich ganz aufzulösen in alle möglichen delegierbaren Einzelaufgaben, wobei schließlich nur noch der Eucharistievorsitz und die Absolutionsvollmacht für den Priester ‚reserviert' bleiben. Diese Entwicklung führt zu Lösungen, die sowohl dem Priesteramt wie vielen anderen Berufungen in der Kirche schaden; darum wird die Frage nach einer Änderung der bestehenden Zulassungsbedingungen zum Priesteramt (Zölibat und Beschränkung auf Männer) immer drängender."[114] Soll also die kooperative Pastoral nicht zu einer Verfremdung des Weihesakraments führen, sind zwei grundlegende Voraussetzungen zu beachten: Zum einen braucht jede Gemeinde einen Priester, der nicht nur für die liturgischen Vollzüge zuständig ist, sondern – zumindest partiell – in die Gemeinde eingefügt und so dort menschlich-geistlich verwurzelt ist;[115] zum anderen besteht die Aufgabe des Priesters darin, die Hirtensorge nicht allein auszuüben, sondern vielmehr als Amtsträger der Hirtensorge möglichst viele Seelsorgstätigkeiten zu wecken, diese zu fördern, zu koordinieren sowie für deren evangeliumsgemäße Ausrichtung zu sorgen. „Nicht die alles bestimmen wollende ‚Omnipräsenz' kennzeichnet den ‚guten Priester', sondern seine Fähigkeit, so bei den Grundvollzügen der Gemeinde ‚dabeizusein', dass sich für möglichst viele Glaubende ein Freiraum zum Miteinandersein und -handeln öffnet."[116] Damit der Priester diese Fähigkeit auch wirklich entfalten kann, sollten die bisher durchweg priesterzentriert ausgestalteten Dienste und Ämter auf eine laienorientierte Struktur hin aufgebrochen werden. Den Laien, Frauen und Männern, sollten rechtlich wesentlich mehr kirchliche Dienste und Ämter offen stehen als bisher. Zu diesem Zweck sollten viele rechtliche Bestimmungen so umformuliert werden, dass Laien bestimmte Dienste und Ämter in der Kirche nicht nur in der Notsituation des Priestermangels oder mit Ausnahmegenehmigung wahrnehmen können, sondern prinzipiell und unabhängig vom priesterlichen Personalbestand. Hier ist z.B. an die Beauftragung zur Predigt in der Eucharistiefeier zu denken, den Beerdigungsdienst, die Kommunionspendung, die Eheassistenz oder auch an das Richteramt in einem kirchlichen Gericht und die Leitung einer katholischen Akademie. Unterbleibt diese laienorientierte und damit auch frauenorientierte Umstrukturierung der kirchlichen Dienste und Ämter, lässt sich der Widerspruch zu den rechtlichen Grundaussagen, dass alle Gläubigen am priesterlichen, prophetischen und königlichen Amt Christi teilhaben (c.204 §1) und dass unter allen Gläubigen eine wahre Gleichheit in Würde und Tätigkeit besteht (c.208), ebenso wenig überwinden wie die herkömmliche priesterbetonte Betreuungspastoral,[117] die von der Vorstellung der versorgten statt der mitsorgenden Gemeindemitglieder geprägt ist.

4
Für immer vom Weihesakrament ausgeschlossen – Die Frauenordination im Spiegel von Recht, Lehramt und Theologie

Bei aller prinzipiellen Gleichstellung von Frau und Mann, die im kirchlichen Gesetzbuch von 1983 zum Ausdruck kommt, ist aber dennoch die Weihe von Frauen weiterhin rechtlich ausgeschlossen. Damit bleiben die Frauen nach wie vor von allen Diensten und Ämtern ausgeschlossen, die den Empfang des Weihesakramentes voraussetzen. Anders gesagt: „Der Grundsatz der Gleichheit von Mann und Frau ist auf der Ebene der Gleichheit aller Gläubigen verwirklicht, nicht jedoch auf der Ebene der ekklesialsakramentalen Aufgaben."[118] Denn in c. 1024 CIC/1983 ist in wörtlicher Übernahme von c. 968 § 1 CIC/1917 kurz und bündig festgelegt:

„Die heilige Weihe empfängt gültig nur ein getaufter Mann."

Entsprechend der Ausfaltung der „heiligen Weihe" in die Bischofs- (=Episkopats-), Priester- (=Presbyterats-) und Diakonen- (=Diakonats-) Weihe bedeutet dies, dass die Frauen von allen drei Weihen ausgeschlossen sind. Interessanterweise ist in diesem Zusammenhang bislang noch nicht angefragt worden, warum Frauen nicht zur Bischofsweihe zugelassen werden können, wohl aber warum sie nicht die Priester- und Diakonenweihe empfangen können.

4.1 Zwei Vorklärungen für eine sachgerechte Auseinandersetzung

4.1.1 Die Beachtung des Kontextes
Die kirchenrechtliche Festlegung, dass nur ein getaufter *Mann* die Weihe gültig empfangen kann, sorgt schon seit langem für Diskussionen innerhalb wie auch außerhalb der katholischen Kirche. Allerdings zieht diese Debatte um die Frauenordination fast die ganze Aufmerksamkeit auf sich

Hildegard von Bingen (1098–1179)
diktiert ihre Visionen.
Miniatur aus dem Codex Scivias,
Landesbibliothek Wiesbaden.

und lässt dadurch andere, wichtige Bereiche der Frauenfrage aus dem Blick geraten. So wird oft übersehen, dass entsprechend der Jahrhunderte langen untergeordneten Position der Frauen in Kirche und Gesellschaft Erfahrungen, Lebensprozesse, Denken und Fühlen von Frauen in der christlichen Tradition nur wenig belegt sind. Insgesamt ist der weibliche Beitrag zur Heilsgeschichte durch die vorwiegend männlichen Überlieferungen verschwiegen oder verfälscht worden.

Zwar zeugen Texte zur Spiritualität von Christinnen der Mystik[119] und unterschiedlicher religiöser Frauenbewegungen[120] von deren Existenz und Tun,[121] aber sie sind nur ein kleiner Bruchteil der vielen weiblichen Gläubigen in der 2000-jährigen Geschichte des Christentums. Viele andere Frauen haben (gezwungenermaßen) geschwiegen, weshalb es noch immer einer umfassenden theologischen Rezeption von Frauenerfahrungen bedarf. Auch die notwendigen Veränderungen der einseitig männlich geprägten Sprache und Mentalität in der Kirche als wichtige Schritte auf dem Weg zu einer frauengerechten Theologie und Kirche werden nicht selten unterschätzt und folglich außer Acht gelassen. Beispiele hierzu bieten sich im Alltag des Glaubensvollzugs ebenso wie in wissenschaftlicher Literatur oder Gesetzestexten: So singen paradoxerweise noch heute etliche Gottesdienstgemeinden – selbst wenn die Gruppe außer dem zelebrierenden Priester nur aus Frauen besteht – „Lasst uns loben, *Brüder*, loben ..." (vgl. Gotteslob, Nr. 637) und auch das neueste Gesetzeswerk der katholischen Kirche verweist erst am Ende des Buches darauf, dass alle Aussagen der maskulinen Sprache auch für Frauen gelten (vgl. c. 1505 des Gesetzbuches der katholischen Ostkirchen von 1990, des CCEO).

Eine Verkürzung der Diskussion um die Frauenordination auf die innerkirchliche Gleichberechtigungsfrage kann allerdings nur dann vermieden werden, wenn die theologische Wissenschaft und das kirchliche Lehramt ihr wechselseitiges Verwiesensein anerkennen und daher einen offenen Dialog über das Thema der Frauenordination führen, d.h. zu der Argumentation der jeweils anderen Seite in aufrichtigem Respekt und zugleich mit konstruktiver Kritik Stellung nehmen.

Als Ausgangspunkt für eine sachgerechte Erörterung ist daher zweierlei festzuhalten:

1. Bei der Frage nach der Zulassung von Frauen zum Weihesakrament geht es nicht primär um das Problem der Gleichberechtigung, sondern um die Identität des Weihesakramentes, dessen Aufgabe es ist, Christus, das Haupt der Kirche, zu repräsentieren. Deshalb ist zur Vermeidung von Missverständnissen zu betonen: Die Frage der Zulassung von Frauen zum Weihesakrament spielt natürlich auch in den Forderungen nach Gleichberechtigung eine Rolle, aber nicht die zentrale wie immer wieder suggeriert wird. Sie spielt keine größere Rolle als die Überlegungen zur Sprache, zur Mentalität, zur Spiritualität und zu den Strukturen. Es geht darum, dass auch die Erfahrungen und Lebensprozesse, die Gedanken und Gefühle von Frauen rezipiert werden. Anders gesagt: Die Rolle des Weihesakramentes darf nicht überbewertet werden, als würden nur die geweihten Amtsträger Kirche und Christentum gestalten. Die Kirche zu gestalten ist Aufgabe, ja sogar Recht und Pflicht aller Gläubigen – die geweihten Amtsträger haben dabei lediglich die spezifische Funktion, auf die Treue zum Ursprung, zum Evangelium, zu Jesus Christus zu achten. Damit haben sie die doppelte Aufgabe, sowohl einen Traditionsbruch zu verhindern als auch ein Weiterschreiben der Tradition entsprechend der Zeichen der Zeit zu fördern. Und – zumindest – ein Zeichen der Zeit des 21. Jahrhunderts ist, dass die bisher vorwiegend männlich geprägte Sicht von Wirklichkeit in Kirche, Gesellschaft und Theologie erweitert bzw. ergänzt werden muss durch die weibliche Sicht, dass es also um eine erweiterte Hermeneutik geht.

2. Die kirchenrechtliche Bestimmung, dass nur ein getaufter Mann die heilige Weihe gültig empfangen kann (c. 1024), steht nicht im theologieleeren Raum, sondern ist vielmehr Ausdruck der theologischen

Überzeugung des höchsten kirchlichen Lehramtes. Denn in der Kirche liegen den zentralen Rechtsbestimmungen immer entsprechende theologische Begründungen zugrunde. Deshalb ist kirchliches Recht in seinen großen Zügen so gut oder schlecht, so restriktiv oder offen, wie die ihm zugrunde liegende Theologie. Das Recht folgt immer der Theologie und muss der Theologie angepasst werden, nicht umgekehrt.

4.1.2 Die Bedeutung des göttlichen Rechts im menschlichen Recht

Bei der Diskussion um die Weihe von Frauen spielt die Kategorie der so genannten „göttlichen Weisung" und damit des so genannten „göttlichen Rechts" eine zentrale Rolle, auch wenn sie häufig nicht explizit zum Ausdruck gebracht wird. Für die einen ist eine solche göttliche Weisung in der Frage nach dem Geschlecht des Weiheempfängers nicht gegeben, weshalb für sie die Weihe von Frauen jederzeit eingeführt werden kann; für die anderen spricht gerade eine göttliche Weisung dagegen, die Einschränkung auf das männliche Geschlecht beim Empfang des Weihesakraments abändern zu können. Um sich hier nicht in Behauptung und Gegenbehauptung zu verstricken, ist es notwendig zu klären, was unter „göttlicher Weisung" zu verstehen ist, wie sie erkennbar ist und in welchem Verhältnis das „göttliche Recht" zum menschlichen Recht steht.

Der Begriff der „göttlichen Weisung" bzw. des „göttlichen Rechts" verweist auf die zwei Grundarten des Kirchenrechts, nämlich auf das Kirchenrecht göttlichen Rechts (ius divinum) und auf das Kirchenrecht menschlichen bzw. rein kirchlichen Rechts (ius humanum bzw. ius mere ecclesiasticum). Diese beiden Rechtsarten stehen nicht beziehungslos nebeneinander, sondern in einem engen Abhängigkeitsverhältnis zueinander.

■ Als göttliches Recht gilt sowohl das *Naturrecht* (ius naturale) wie auch das von Gott durch die *Offenbarung* gesetzte Recht, das daher auch als „positives göttliches Recht" (ius divinum positivum) bezeichnet wird. Während das Naturrecht mit Hilfe der menschlichen Vernunft in der Schöpfungsordnung erkennbar ist und aus ihr abgeleitet werden muss, ist die Rechtsquelle des Offenbarungsrechtes die Bibel. „Das Offenbarungsrecht ist allerdings nicht als ein in sich geschlossenes Corpus von in der Heiligen Schrift – namentlich des Neuen Testamentes – enthaltenen und endgültig formulierten Rechtssätzen zu begreifen. Es handelt sich vielmehr um bestimmte in der Heiligen Schrift enthaltene Aussagen, die in der Tradition der Kirche als bindende Weisungen zu konkreter voller Verwirklichung verstanden worden sind und werden. In dieser Gestalt ist das göttliche Recht schon in die Tradition der Kirche eingebettet. Nicht alle biblischen Weisungen sind ohne weiteres als göttlichen Rechts zu verstehen. *Zeitbedingte Aussagen sind von wesentlichen Weisungen zu unterscheiden.* Welche biblischen Aussagen als Weisungen göttlichen Rechts zu verstehen sind, entscheidet in erster Linie die kirchliche Tradition selbst. So kann man das positive göttliche Recht auch ein *durch die Tradition erkennbar oder sichtbar gemachtes Offenbarungsrecht* nennen"[122] oder umgekehrt die Tradition als „die hermeneutische Instanz" bezeichnen, „in der das kirchliche Wahrheitsbewusstsein wirkt und sich in verschiedenen Formen – auch in der Form der stillen Überzeugung – ausdrückt."[123]

Das göttliche Offenbarungsrecht, nämlich die unverfügbare Sendung der Kirche, ist also nicht in einem Katalog von Rechtssätzen ein für alle Mal festgeschrieben, sondern muss *immer wieder neu aus der kirchlichen Tradition heraus in die jeweilige geschichtliche und kulturelle Situation der Kirche hinein übersetzt werden.* Deshalb kennt auch das kirchliche Gesetzbuch keine systematische Zusammenstellung der Rechtsbestimmungen göttlichen Rechts; vielmehr wird lediglich bei den entsprechenden Rechtsnormen auf das göttliche Recht hingewiesen durch Formulierungen wie „aufgrund göttlicher Weisung", „nach der Weisung des Herrn" oder „kraft göttlicher Einsetzung". So gibt es z.B. kraft göttlichen Rechts die Sakramente in der Kirche (c. 840), die Unterscheidung zwischen Klerikern und Laien (c. 207 §1), das Weihesakrament (c. 1008), die Bischöfe als Nachfolger der Apostel (c. 375 §1) sowie Papst und Bischofskollegium als Nachfolger von Petrus und dem Apostelkollegium (c. 330). Als unveränderlich gelten diese Rechtsnormen kraft göttlichen Rechts insofern, als sie bei ihrer notwendigen geschichtlichen Konkretisierung „nicht zu sich selbst in Widerspruch geraten dürfen."[124]

Göttliches Recht und geschichtliche Konkretisierung gehören also untrennbar zusammen. Denn wie das Wort Gottes so liegt auch das göttliche Offenbarungsrecht nicht in abstrakter Reinform vor, sondern stets vermittelt durch Menschen[125] und damit auch stets bruchstückhaft. Mit anderen Worten: „Das ‚ius divinum' lässt sich immer nur in seiner historischen Gestalt ‚vorstellen‘."[126] Den Menschen nur vermittelt durch Menschen zugänglich ist das göttliche Recht folglich immer auch eine Form des rein kirchlichen bzw. menschlichen Rechts.[127] Die Angewiesenheit des göttlichen Rechts auf das menschliche Recht, eben gerade durch das menschliche Recht zum Ausdruck gebracht zu werden, muss in einem weiteren Schritt zu der Feststellung führen, dass sich die Kirche und die in ihrem Dienst stehende Theologie bei ihrer Aufgabe, das göttliche Recht in der Kirche zu verwirklichen, niemals „auf das Angebot einiger Modelle aus der Geschichte beschränken [darf]. Sie bleibt zwar auf die Grundlagen in der Offenbarung konstitutiv verwiesen – jedoch in der Weise der lebendigen Vermittlung der Offenbarung in ihrer Umsetzung und Aneignung im aktuellen Glauben der Kirche. Die Theologie empfängt so einerseits ihre Wahrheit vom Wort Gottes, aber sie holt ebenso in einem geistig-schöpferischen Prozess die Gestalt der Wahrheit auf Zukunft hin erst ein."[128] Damit steht das göttliche Offenbarungsrecht in der Spannungseinheit, einerseits in seinem Inhalt unwandelbar zu sein, andererseits in diesem Inhalt stets tiefer erkennbar und dadurch neu konkretisierbar zu sein.[129] Insofern ist die Anwendung des göttlichen Rechts der doppelten Gefahr der unsachgemäßen Konkretisierung ausgesetzt, nämlich entweder durch mangelnde Anpassung an die Zeichen der Zeit zu erstarren oder durch die Preisgabe an den Zeitgeist verfälscht zu werden. Zusammenfassend kann daher gesagt werden: Das göttliche Recht ist „nicht einfachhin *vor*gegeben, sondern als je und je zu ermittelnder Inhalt auch *auf*gegeben, es muss in positives Recht transformiert, ‚verpositiviert‘ werden, wobei der (menschliche) Gesetzgeber nicht einfachhin Vorgegebenes übernimmt, sondern im geschichtlichen Kontext rechtsgestaltend tätig wird."[130] So gesehen ist das ius divinum weniger „ein erworbener Besitz" der Kirche, sondern vielmehr „der ständige Auftrag zur Selbstbesinnung, Selbstkritik, Bekehrung."[131]

■ Zum menschlichen Recht zählen die Rechtsnormen, die allein auf den Rechtswillen der gesetzgebenden Organe der Kirche zurückgehen (Gesetzesrecht, vgl. cc.7f) oder aus einer rechtserzeugenden Gewohnheit der Rechtsgemeinschaft (Gewohnheitsrecht, vgl.

cc. 23– 28) resultieren. Das menschliche Kirchenrecht steht voll und ganz im Dienst des göttlichen Kirchenrechts; seine Aufgabe ist es, auf der Grundlage des göttlichen Rechts die Regeln für das alltägliche Miteinander der Glaubensgemeinschaft festzulegen, sozusagen aus dem göttlichen Recht die notwendigen praktischen Konsequenzen zu ziehen und eine dementsprechende Lebensordnung zu schaffen. Zur wirksamen Erfüllung dieser Aufgabe sind die Normen des menschlichen Kirchenrechts stets veränderbar, aber nicht im Sinne einer Beliebigkeit, sondern nur um einer besseren Entfaltung des göttlichen Rechtes willen, auf das das menschliche Kirchenrecht stets verwiesen bleibt. Oder anders ausgedrückt: „Das menschliche Recht ... ist in dem vom göttlichen Recht vorgegebenen Rahmen veränderlich."[132] Dieser Rahmen des göttlichen Kirchenrechts nimmt das menschliche Kirchenrecht in dreifacher Hinsicht in Pflicht; denn das „göttliche Recht legitimiert, limitiert und normiert das Kirchenrecht. Was die *Legitimation* anbetrifft, so wird hierdurch klar, dass das menschliche Kirchenrecht keinen prinzipiell anderen Existenzgrund hat als das göttliche Recht. Es geht aber seinem konkreten Inhalt nach nicht wie dieses aus direkter biblischer Weisung hervor, sondern ist eine indirekte Folge desselben. – Das menschliche Kirchenrecht erfährt durch das göttliche Kirchenrecht seine *Limitation*, insofern es in diesem seine Grenze findet. Menschliches Kirchenrecht darf nie und nimmer zum göttlichen Kirchenrecht in Widerspruch treten und kann göttliches Recht nicht aus den Angeln heben. – Das menschliche Kirchenrecht wird durch das göttliche Kirchenrecht *normiert,* d.h. es ist seinem Inhalt nach nicht ein beliebiges Recht, sondern wird inhaltlich von dem ‚ius divinum' geprägt."[133]

Auf diesem Hintergrund der Unterscheidung zwischen göttlichem und kirchlichem Recht gilt es hinsichtlich des Wortlautes von c.1024 („Die heilige Weihe empfängt gültig nur ein getaufter Mann.") festzuhalten:

Erstens ist von keiner „göttlichen Weisung" und damit von keinem „göttlichen Recht" die Rede, sodass c.1024 dem menschlichen Kirchenrecht zuzuordnen ist.[134]

Zweitens wird hier nicht zwischen den Weiheformen des Bischofs, Priesters und Diakons differenziert.

Beide Sachverhalte zeigen, dass c.1024 in mehrfacher Hinsicht offen ist für mögliche Reformen und Anpassungen an die Erfordernisse der Zeit, wie sie sich aus dem Zusammenspiel zwischen dem Glaubenssinn des Gottesvolkes, den Erkenntnissen der theologischen Wissenschaft und der lehramtlichen Entscheidungskompetenz ergeben. Die Grundlage dafür bildet die Tatsache, dass die Sakramente *„von Christus, dem Herrn eingesetzt und der Kirche anvertraut"* sind, sodass sie zugleich *„Handlungen Christi und der Kirche"* sind (c. 840). Deshalb wird auch im kirchlichen Gesetzbuch explizit hervorgehoben, dass die Kirche, vertreten durch die höchste kirchliche Autorität, die Gültigkeitskriterien jedes einzelnen Sakramentes festlegen kann und muss. Wörtlich heißt es in diesem Zusammenhang:

> „Da die Sakramente für die ganze Kirche dieselben sind und zu dem von Gott anvertrauten Gut gehören, hat allein die höchste kirchliche Autorität zu beurteilen oder festzulegen, was zu ihrer Gültigkeit erforderlich ist ..." (c. 841).

Wird c. 1024 daher nicht nur isoliert, sondern auch in Verbindung mit c. 841 betrachtet, so ist folgende theologisch-rechtliche Schlussfolgerung zu ziehen: Die höchste kirchliche Autorität kann neu beurteilen und festlegen, was zur Gültigkeit des Sakramentes der Weihe in ihren Ausfaltungen des Episkopats, Presbyterats und Diakonats erforderlich ist, natürlich ohne dabei die Substanz des Sakramentes zu verändern.[135] Würde also z. B. das kirchliche Lehramt in Rückgriff auf den Glaubenssinn aller Gläubigen und die Erkenntnisse der theologischen Wissenschaft zu der Überzeugung gelangen, dass die Zulassung der Frauen zum Diakonat oder auch zum Diakonat und Presbyterat theologisch tragfähig ist, weshalb ihre Nichtzulassung zur Weihe nicht mehr auf alle drei Ausfaltungen der Weihe (Diakon, Priester, Bischof) gleichermaßen zutrifft, könnte es die Rechtsnorm des c. 1024 entsprechend abändern, etwa in der Form:

> „§1 Die Weihe zum Bischofsamt (und Priesteramt)[136] empfängt gültig nur ein getaufter Mann.
> §2 Die Weihe zum Diakonenamt (und Priesteramt)[137] empfängt gültig nur eine getaufte Person."

4.2 Die Frage eines weiblichen Diakonats

Die Zulassung der Frauen zur Diakonenweihe – ist sie ein Zeichen der Zeit, das dem Selbstverständnis der Kirche entspricht und ihrer Sendung dient, oder nur Ausdruck des Zeitgeistes, der nicht mit der Glaubenslehre vereinbar ist? Seit mehr als drei Jahrzehnten steht diese Frage im Raum der katholischen Kirche. Explizit angegangen wurde sie zum ersten Mal in Deutschland, und zwar im Rahmen der Gemeinsamen Synode der Deutschen Bistümer in Würzburg (1971–1975). Das Ergebnis der Synode lautete wie folgt:

> „Viele Frauen üben in vielen Kirchenprovinzen, nicht nur in Missionsgebieten, eine Fülle von Tätigkeiten aus, die an sich dem Diakonen-Amt zukommen. Der Ausschluss dieser Frauen von der Weihe bedeutet eine theologisch und pastoral nicht zu rechtfertigende Trennung von Funktion und sakramental-vermittelter Heilsvollmacht. Ein weiterer Grund liegt darin, dass die Stellung der Frau in Kirche und Gesellschaft es heute unverantwortlich erscheinen lässt, sie von theologisch möglichen und pastoral wünschenswerten amtlichen Funktionen in der Kirche auszuschließen. Schließlich lässt die Hineinnahme der Frau in den sakramentalen Diakonat in vielfacher Hinsicht eine Bereicherung erwarten, und zwar für das Amt insgesamt und für die in Gang befindliche Entfaltung des Diakonats im besonderen."[138]

Die hier zugunsten des Frauendiakonats angeführten Überlegungen sind nahezu deckungsgleich mit den Argumenten, die einst auf dem II. Vatikanischen Konzil ausschlaggebend waren für die Einführung des Ständigen Diakonats von Männern. Denn damals wurde ebenfalls ausgeführt:

> „Denn es ist angebracht, dass Männer, die tatsächlich einen diakonalen Dienst ausüben, sei es als Katechisten in der Verkündigung des Gotteswortes, sei es in der Leitung abgelegener christlicher Gemeinden im Namen des Pfarrers und des Bischofs, sei es in der Ausübung sozialer oder caritativer Werke, durch die von den Aposteln her überlieferte Handauflegung *gestärkt* und dem *Altare enger verbunden* werden, damit sie ihren Dienst mit Hilfe der *sakramentalen Diakonats-Gnade wirksamer erfüllen können*" (AG 16,6).

Vor 30 Jahren formuliert, ist die Forderung der Würzburger Synode, den Diakonat für Frauen zu öffnen, auch heute noch brandaktuell. Denn das kirchliche Lehramt betont zwar schon über Jahrzehnte hinweg immer wieder, dass Frauen in unseren Tagen zunehmend nicht nur in den verschiedenen Bereichen der Gesellschaft, sondern auch der Kirche aktiv tätig sind;[139] doch sind nach wie vor Frauen zum Ständigen Diakonat nicht zugelassen. Dabei hat sich Papst Johannes Paul II. bislang über die maßgeblichen Gründe für den Ausschluss der Frauen vom Diakonat beharrlich ausgeschwiegen. Angesichts der Tatsache, dass der Papst die Zulassung von Frauen zur Priesterweihe mehrfach in aller Klarheit für unmöglich erklärt hat, ist das Übergehen des in der kirchlichen Luft liegenden Themas „Frauen-Diakonat" gerade auch in seinen beiden Schreiben über die den Männern vorbehaltene Priesterweihe (1994)[140] und die Berufung der Frauen (1995)[141] zumindest überraschend. Über die Motive des päpstlichen Schweigens kann nicht wissenschaftlich nachgedacht werden, wohl aber über die Möglichkeiten und Grenzen, die rechtliche Einschränkung des Diakonats auf Männer abzuändern.

4.2.1 Der kirchenrechtliche Ist-Stand

Sucht man im Stichwortverzeichnis des kirchlichen Gesetzbuches von 1983 nach dem Begriff „Diakon", überrascht es, dass es keinen zusammenhängenden Abschnitt über den Diakonat und das Amt des Diakons gibt, sondern auf eine Vielzahl von Rechtsbestimmungen verwiesen wird. Schlägt man die angegebenen Stellen nach, so lassen sich im Horizont der hier zu behandelnden Frage drei Feststellungen treffen:

a) Von zentraler Bedeutung sind die beiden Grundaussagen der cc. 1008 und 1009. Sie lauten:

> „Can. 1008 – Durch das Sakrament der Weihe werden kraft göttlicher Weisung aus dem Kreis der Gläubigen einige mittels eines untilgbaren Prägemals, mit dem sie gezeichnet werden, zu geistlichen Amtsträgern bestellt; sie werden ja dazu geweiht und bestimmt, entsprechend ihrer jeweiligen Weihestufe die Dienste des Lehrens, des Heiligens und des Leitens in der Person Christi des Hauptes zu leisten und dadurch das Volk Gottes zu weiden.
>
> Can. 1009 – § 1. Die Weihen sind Episkopat, Presbyterat und Diakonat.
>
> § 2. Sie werden erteilt durch die Handauflegung und das Weihegebet, welches die liturgischen Bücher für die einzelnen Weihestufen vorschreiben."

Der Diakonat gehört also zum Weihesakrament. Denn gemäß cc. 1008f umfasst das Weihesakrament die drei Weiheformen des Episkopats, Presbyterats und Diakonats. In diesem Zusammenhang ist wichtig, dass zwar das Weihesakrament insgesamt auf „göttliche Weisung" zurückgeführt wird (c. 1008), nicht aber jede einzelne Weiheform. Der

Gesetzgeber bezeichnet nämlich in c. 1009 den Episkopat, Presbyterat und Diakonat nicht als *sakramentale* Ausfaltungen, Formen, Grade, Glieder oder Stufen des Weihesakramentes, sondern nur ganz offen als Weihen.[142] In dieser offenen Formulierung spiegelt sich die Tatsache wider, dass sich die Dreigliedrigkeit des Weihesakramentes erst geschichtlich entwickelt hat und weder auf dem Konzil von Trient noch auf dem II. Vatikanischen Konzil die Dreigliedrigkeit des Weihesakramentes dogmatisch festgelegt worden ist.[143]

Ferner fällt auf, dass nichts über die Zuordnung und Abgrenzung der drei Weiheformen ausgesagt sowie nichts über ihr jeweiliges theologisches Profil zumindest angedeutet wird. Lässt sich für den Episkopat und Presbyterat wenigstens aus anderen Abschnitten des CIC/1983 eine Art theologisches Profil aufgrund der ihnen zugeordneten Kirchenämter herauslesen (vgl. cc. 375–411; 515–572), sucht man für den Diakonat im kirchlichen Gesetzbuch vergeblich nach theologischen und kirchenamtlichen Charakteristika.[144]

b) Das Amt des Diakons umfasst Tätigkeiten, die auch ein Laie wahrnehmen kann, angefangen von den verschiedenen Formen der Verkündigung, der Leitung von Wort- und Gebetsgottesdiensten, der Gabenbereitung und Austeilung der Kommunion bis hin zur Beerdigung, Taufspendung, Eheassistenz und Mitwirkung bei der Ausübung der Hirtensorge in einer Pfarrei.[145] Obwohl also der Diakon kraft der sakramentalen Weihe zum Kleriker-Stand gehört, hat er *keine spezifisch klerikale Vollmacht*, da nahezu alle ihm zugeschriebenen Aufgaben wenigstens im Notfall auch von Laien wahrgenommen werden können, teils kraft Taufe und Firmung, teils kraft Taufe, Firmung und besonderer Beauftragung.[146]

c) Rechtlich besteht zwischen dem Diakonat und den beiden anderen Weiheformen eine untrennbare Verbindung hinsichtlich des Geschlechtes, nicht aber im Hinblick auf den Zölibat; denn einerseits sind Frauen von allen Formen der sakramentalen Weihe ausgeschlossen (c. 1024), andererseits kann ein verheirateter Mann zum Ständigen Diakon geweiht werden (c. 266 i.V.m. c. 1031).

Aus diesen Beobachtungen am kirchenrechtlichen Ist-Stand ergeben sich für die Diskussion um die Zulassung von Frauen zum Diakonat mehr Fragen als Antworten. Denn wie ist der Hinweis auf die *„göttliche Weisung"* in c.1008 zu verstehen? Bezieht sich diese göttliche Weisung nur auf die Existenz des Weihesakramentes insgesamt oder auch auf die *Dreigliedrigkeit des Weihesakraments* in Episkopat, Presbyterat und Diakonat? Ganz konkret gefragt: Ist der Diakonat kraft göttlichen oder kraft kirchlichen Rechts Teil des Weihesakramentes? Worin liegt überhaupt das spezifisch theologische und unwandelbare Profil der sakramentalen Weihe des Diakonats? Und gehört zu diesem Profil der Ausschluss von Frauen oder ist dieser nur Folge der Nichtzulassung der Frau zur Priesterweihe? Ist somit der Diakonat in untrennbarer Einheit mit den beiden anderen Weiheformen zu verstehen oder stellen alle drei Weiheglieder jeweils eigenständige Ausprägungen des Weihesakramentes dar? Ist demzufolge die Zulassung der Frauen für jede Weiheform getrennt zu beantworten oder einheitlich für alle? Ist also die Zulassung zum Diakonat unabdingbar mit der zur Priester- und Bischofsweihe verknüpft oder nicht, sodass die Zulassung der Frauen zum Diakonat von der Entscheidung (un)abhängig ist, ob sie auch zur Priester- und Bischofsweihe zugelassen werden oder nicht?

Um diese aufgeworfenen Fragen beantworten zu können, müssen zunächst die theologischen Wurzeln und die kirchliche Tradition des Diakonats aufgesucht und ausgewertet werden.

4.2.2 Historische Schlaglichter

Jesus ist gekommen, nicht um sich bedienen zu lassen, sondern um selbst zu dienen. Weil Jesu Leben, Wirken und Sterben ein Dienst war (vgl. Mk 10,45; Lk 22,27; Phil 2,7), gehört die Dienstbereitschaft zur Grundhaltung des christlichen Lebens (vgl. Phil 2,5; Mk 10,43f; Lk 22,26; Joh 13,15f) wie auch des kirchlichen Wirkens. Die Tatsache, dass allerdings bestimmte Aufgaben eine besonders ausgeprägte Dienstbereitschaft verlangen, führte bereits in den paulinischen Gemeinden dazu, die dauerhafte Ausübung solcher Aufgaben – dem griechischen Wortstamm für „dienen" entsprechend – als „Diakonat" und die hier tätigen Personen als „Diakone" zu bezeichnen.[147] Diese Titel sind aber noch nicht im Sinne einer Weihe und eines dieser Weihe entsprechenden Amtes zu verstehen; denn den Begriff der Weihe und den „des Amtes gibt es im Neuen Testament noch nicht; vielmehr ist die Rede von Charisma, Apostolat, Berufung und Sendung."[148] Daher kann der vielzitierte

Hinweis, dass bereits im Neuen Testament von weiblichen Diakonen die Rede ist (vgl. Röm 16,1;[149] 1 Tim 3,11), nicht als Beweis für die Existenz eines urkirchlichen Diakonats-Amtes der Frauen (wie auch der Männer) herangezogen werden. Eine feste Amtsstruktur im eigentlichen Sinn des Wortes beginnt sich erst gegen Ende des 1. Jahrhunderts herauszubilden. Aus dieser Zeit gibt es allerdings nur Angaben über den männlichen Diakon, der Mitarbeiter des Bischofs ist und in dieser Eigenschaft die Sinne des Bischofs ergänzen soll. Als konkrete Aufgabenfelder werden die Sorge für Kranke und Bedürftige sowie verschiedene Funktionen in der Eucharistiefeier (ordnende Dienste, Gebetseinladungen, Kommunionausteilung) und assistierende Vollzüge beim Taufgeschehen (Salbung, Begleitung des Täuflings ins Wasser) genannt.[150] Ab dem 2. Jahrhundert ist der männliche Diakonat als Amt sowohl in der Westkirche wie auch in den Ostkirchen durchweg gut bezeugt.[151] Für den weiblichen Diakonat als Amt ist dagegen die Quellenlage nicht so eindeutig, zumal dessen Entwicklung in den Kirchen des Ostens und Westens unterschiedlich verläuft.

In den *Ostkirchen* kommt das Diakonats-Amt von Frauen im 3. Jahrhundert auf, verbreitet sich rasch, geht jedoch im 10./11. Jahrhundert wieder unter; Entstehung wie Untergang sind durch die kirchlichen Erfordernisse der Zeit bedingt. In der Phase der Ausbreitung des Christentums kommen auf die Kirche neue Aufgaben zu, für deren Bewältigung etliche neue Ämter geschaffen werden, wie z.B. das Amt der Diakonin. Seinen Sitz im Leben hat dieses Amt in der Tatsache, dass im Osten die Frauen weitgehend aus dem öffentlichen Leben verbannt waren und daher einer eigenen Betreuung bedurften. Dementsprechend waren die Diakoninnen für die katechetische Unterweisung von Frauen, Hilfsdienste bei der Taufe von Frauen (Salbung des weiblichen Körpers), Pflege von kranken Frauen und ähnliche Aufgaben zuständig, die zeitlich und räumlich variierten, stets aber keinerlei liturgisches Handeln, ja nicht einmal öffentliches Auftreten beinhalteten. Dabei ist seit dem 4. Jahrhundert nachweisbar, dass die Diakoninnen in bestimmten Gebieten vor Beginn ihres Wirkens innerhalb einer liturgischen Handlung eine unter Gebet und Handauflegung des Bischofs gespendete Weihe erhielten. Die Bedeutung dieses Aktes ist allerdings ungeklärt; denn einerseits wurde damals zum Teil auch Lektoren, Kantoren und Türhütern eine Weihe gespendet und andererseits existiert nur eine fragmentarische Quellenlage. Daher muss offen bleiben, ob die Diakoninnen mit der Weihe nur in ihrer Lebensform bestätigt wurden oder für ihre Aufgaben eine besondere Segnung erhielten (heute: ein so genanntes Sakramentale) oder in den Klerus[152] eingegliedert oder gar in den (sakramentalen) Weihestand aufgenommen wurden, entweder auf gleicher Stufe wie die männlichen Diakone oder niedriger; letzteres würde voraussetzen, dass die Alte Kirche von einem vier- oder mehrfach gegliederten Weihesakrament ausging.[153]

„Die Zentrierung des Aufgabenbereichs der Diakoninnen auf die Taufassistenz und den Krankendienst bereitet zugleich auch den Niedergang des weiblichen Diakonats vor: War die rasche Ausbreitung der Diakoninnen im 3. und 4. Jahrhundert mit der umfangreichen Missionstätigkeit der Kirche verbunden gewesen, so verlieren sie mit deren Erlahmen und dem damit verbundenen Rückgang der Erwachsenentaufe ein Hauptaufgabengebiet. Wahrscheinlich machte die gleichzeitige Konzentration des kirchlichen Lebens auf den Kult die karitativen Funktionen der Diakoninnen entbehrlich. In der Folge der arabischen Eroberungen nehmen ihre Spuren immer mehr ab, und nach dem 10./11. Jahrhundert scheint der Diakonat der Frau im Osten weitgehend erloschen."[154]

Obwohl der *Westkirche* schon im 4. Jahrhundert durch die Übersetzung der ostkirchlichen Gemeindeordnungen das Amt der Diakonin bekannt ist, setzt sich dieses ostkirchliche Amt von Frauen speziell für Frauen hier nicht durch – vielleicht machte die gesellschaftliche Stellung der Frau im Westen ein solches Amt überflüssig.[155] Zwar ist auch in der lateinischen Kirche hin und wieder in Quellen von Diakoninnen die Rede, doch ohne nähere Angaben über ihr Betätigungsfeld. Jedenfalls ist die Tatsache, dass im lateinischen Mittelalter die Bezeichnung „Diakonin" fortlebt, kein Beweis für die Existenz eines weiblichen Diakonats. Denn mit „diacona" kann in dieser Zeit sowohl ein Ehrentitel gemeint sein, der unter Handauflegung verliehen wird, als auch einfach die Frau eines Diakons betitelt sein oder eine geweihte Witwe. „Vom 10. bis zum 13. Jahrhundert werden vereinzelt Vorsteherinnen als diaconissae bezeichnet. In einigen Frauenklöstern des 14.–17. Jahrhunderts übt die diaconissa ein liturgisches Amt im Rahmen des Stundengebets aus, das mit einem besonderen Segen verliehen wird."[156]

Fasst man den Forschungsstand über die kirchliche Tradition des weiblichen Diakonates von der Alten Kirche bis in die Neuzeit zusammen, so muss nüchtern festgestellt werden, dass das Diakoninnen-Amt weder gesamtkirchlich verbreitet war noch zeitlich kontinuierlich bestand.[157]

Nicht nur in den Kirchen des Ostens und Westens, sondern auch in den einzelnen Ortskirchen war der weibliche Diakonat recht unterschiedlich beheimatet und ausgestaltet. Es lässt sich keine klare Entwicklungslinie vom einen zum nächsten Jahrhundert nachzeichnen. Die Funktionen variierten in den jeweiligen Zeiten entsprechend den jeweiligen pastoralen Erfordernissen der Ortskirchen.[158] Mehr kann aus der vielfältigen und uneinheitlichen Quellenlage nicht herausgelesen werden. Freilich kann man diesen geschichtlichen Befund als einen schlagenden Beweis für die Freiheit der Kirche bewerten, Frauen als Diakoninnen je nach Bedarf anzuerkennen und jeweils auszustatten;[159] alle weitergehenden Schlussfolgerungen sind aber nicht haltbar, etwa dergestalt, dass „die altkirchliche Diakonin Funktionen [hatte], die sich wesentlich von denen des männlichen Diakons unterscheiden,"[160] oder im gegenteiligen Sinne, dass die Quellen eine vollkommene Gleichwertigkeit von Diakon und Diakonin bezeugen.[161]

4.2.3 Das Weihesakrament in der Spannung von Einheit und Vielfalt

Die Kirche hat den Auftrag, die Sendung Jesu Christi fortzuführen, nämlich sich nicht (von der Welt) bedienen zu lassen, sondern selbst (der Welt) zu dienen und sie dadurch zu einen und zu leiten. Das Dienen wie auch das Einen und Leiten gehören also unabdingbar zur Kirche, bilden die zwei Wesensdimensionen von Kirche. Weil der kirchliche Dienst- und Einigungscharakter nicht „zufällige" geschichtliche Entwicklungen oder gar Erfindungen sind, sondern auf Christus, das Haupt der Kirche, selbst zurückgehen, müssen sie vom Weihesakrament, das ja Christus, das Haupt, in öffentlich verantwortlicher Vollmacht darstellt und vertritt, in besonderer Weise zum Ausdruck gebracht werden. Und genau das kann die Ausfaltung des *einen* Weihesakramentes in je unterschiedlich akzentuierte Gestalten leisten. So kann der Diakonat Christus, das dienende Haupt der Kirche, repräsentieren und somit besonders in der Person Christi, des Dieners, handeln, während der Priester und Bischof Christus, das leitende und einende Haupt der Kirche repräsentieren und daher vornehmlich in der Person Christi, des Herrn, handeln.[162] In diesem Sinn ist dann auch der Diakonat nicht nur kraft kirchlichen, sondern kraft göttlichen Rechts dem Weihesakrament zuzuordnen und darf nicht auf eine bloße Durchgangsstufe zur Priesterweihe verkürzt werden. Denn der Diakonat vergegenwärtigt Christus, das dienende Haupt der Kirche und verkörpert damit sakramental die unaufgebbare Sendung der Kirche, Anwalt der (leiblich und/oder geistlich) notleidenden Menschen zu sein, indem sie diese aufsucht, sich ihnen widmet und deren Anliegen „in das Bewußtsein, in das Handeln und in die Liturgie der Gemeinde" hineinträgt.[163] Das Amt des Diakons umfasst daher vor allem zwei Aufgaben: zum einen diesen dienenden Dienst selbst auszuüben und zum anderen diesen Dienst zum Anliegen der Gemeinde als Kirche vor Ort zu machen, d.h. die Gemeinde in ihrer diakonischen Sendung zu rüsten und zu leiten.[164] Dem Bischof und Priester als den Repräsentanten des einenden und leitenden Hauptes Christi kommt dagegen vor allem die Aufgabe zu, die Kirche vor Ort zu einen und sie in die Gesamtkirche zu integrieren. Der Blick des Bischofs und Priesters „ist wesentlich auf das *Gemeinwohl* der Kirche und der Gemeinde gerichtet, auf die Wahrung der Einheit im Glauben durch die verbindliche Verkündigung und den gemeinsamen Gottesdienst, die Auferbauung der gesamten Gemeinde,"[165] der Blick des Diakons auf die *einzelnen* Menschen, Familien und Gruppen. Durch diese unterschiedliche Akzentuierung soll der bischöfliche und priesterliche Dienst der Gemeinde ständig vergegenwärtigen, dass sie *nicht aus sich selbst* lebt (und so Zeugnis für das von Gott geschenkte Heil geben), während der diakonale Dienst vergegenwärtigen soll, dass sie *nicht für sich selbst* lebt. Der Diakon soll der Gemeinde zeichenhaft verdeutlichen, dass einer ihrer Grundvollzüge, die Diakonie, der Dienst an den Nächsten ist. Dass diese Aufgabe mit einer sakramentalen Weihe verbunden ist, macht der Gemeinde deutlich, wie wichtig und zentral diakonales Wirken ist. Weihe und Amt bedeuten nicht, dass die Amtsträger etwas *an Stelle* der Gemeinde tun sollen, sondern dass sie *Zeichen* für die Gemeinde sein und sie zu den Grundaufgaben befähigen sollen.[166]

Den Diakonat als sakramentale Vergegenwärtigung und Ausfaltung der diakonalen Sendung der gesamten Kirche zu sehen hat keineswegs zur Folge, die verschiedenen Formen der Wortverkündigung oder die liturgischen Funktionen aus seinem Aufgabenbereich zu entfernen. Denn der Diakon ist „gerade jener, der in seiner Verkündigung, in den liturgischen Funktionen der von den einzelnen Menschen, ihren Nöten, von den Außenstehenden, den Leiden Herkommende, jener, der alle diese Realitäten, diese Aspekte des Lebens in die Mitte der Gemeinde einbringt und im Licht des Evangeliums sehen lehrt, sodass er zugleich auch jener ist, der die Gemeinde auf ihrem Weg des Dienens, der Demut durch die Zeit geleiten kann."[167] Deshalb muss sogar noch weiter gehend gesagt werden: Weil die Liturgie zeichenhaft das Wesen der Kirche zur Erscheinung bringt (vgl. II. Vatikanisches Konzil, „Sacrosanctum Concilium" 5–10), muss auch und erst recht „die diakonische Dimension der Kirche in der Liturgie ihren angemessenen Ort finden."[168] Gabenbereitung und Kommunionspendung, Eheassistenz und Taufspendung sind geeignet, den täglichen Dienst des Diakons in der Gemeinde liturgisch zu veranschaulichen. Umso unverständlicher ist, warum nicht auch die Krankensalbung zu den liturgischen Funktionen des Diakons zählt, sondern nur von einem Priester gültig gespendet werden kann (vgl. c. 1003 CIC);[169] gerade die Spendung der Krankensalbung könnte wie kein anderer liturgischer Dienst das Spezifikum des Diakonats veranschaulichen.

4.2.4 Theologisch-rechtliche Schlussfolgerungen

Kirchenrechtliche Auswertung, historische Betrachtung und theologische Reflexion können in fünf Schlussfolgerungen zusammengefasst werden:

1. Das theologische Profil des Diakonats besteht nicht in der Summe von Aufgaben „vor allem im liturgischen Bereich, die aus dem priesterlichen Kompetenzbereich ausgegliedert werden können", sondern vielmehr darin, „in allen Funktionen der Kirche die Diakonie [zu] betonen ..., bei ihr ihren Ausgangspunkt [zu] nehmen und von daher [zu] erschließen, welche liturgischen Funktionen und sakramentalen Vollmachten sinnvoll und notwendig sind."[170]

2. Der Diakonat weist offensichtlich mehr Unterschiede zum Priester- und Bischofsamt auf als Gemeinsamkeiten. So gibt es nur den Diakonat in den zwei Ausprägungen des Ständigen Dienstes und der Durchgangsstufe zur Priesterweihe. Darüber hinaus hat der Ständige Diakonat keine durchgehende Tradition und ist in der Lateinischen Kirche nicht zwangsläufig mit dem Zölibat verbunden wie der Presbyterat und Episkopat. Des Weiteren wird die Diakonenweihe primär zur Dienstleistung gespendet und nicht wie die Priester- und Bischofsweihe zum Einen und Leiten.

3. Geschichtlich betrachtet gab es phasenweise und regional einen Frauendiakonat mit eigenem Profil. In der bisherigen Tradition des Diakonats hat die Kirche auf jeden Fall eine große Freiheit in der Ausgestaltung dieser Weiheform entsprechend den Zeichen der

Zeit an den Tag gelegt. Daran sollte sie sich wieder erinnern und die Geschlechterfrage beim Ständigen Diakonat nicht überbewerten. Die Frage nach der Einführung eines Frauendiakonates muss klar von der Diskussion um das Frauenpriestertum getrennt werden.

4. „Prinzipiell steht wohl der Ausübung der diakonalen Dimension des Ordo [= der Weihe] durch Frauen nichts Entscheidendes im Wege. Auf jeden Fall üben Frauen auch diakonisches Handeln im Namen Christi aus von Christus zur Kirche hin, d.h. sie partizipieren an der diakonalen Verwirklichung des Ordo."[171]

5. Der Diakonat als sakramentale Vergegenwärtigung des dienenden Hauptes Christi und der dienenden Sendung der Kirche fordert vor allem die Fähigkeiten der Aufmerksamkeit, des Hinhörens, der Offenheit, des Tröstens und der Hingabe, wie sie Jesus Christus der Kirche in Wort und Tat vorgelebt und in seiner Nachfolge aufgetragen hat. Genau diese Fähigkeiten besitzen aber erfahrungsgemäß Frauen in ausgeprägterer Form als Männer, weshalb gerade Frauen in diakonischen Berufen tätig sind.[172] Diese Tatsache wird in der Regel weniger auf einen Wesensunterschied zwischen Männern und Frauen zurückgeführt, sondern „auf geschlechtsspezifische Gewohnheiten und Vorlieben. Vielleicht nicht einfach von Natur aus, sicher aber aufgrund der Sozialisation kommt durch Frauenerfahrungen ein großer Schub an Erdung, Konkretion, an Leib- und Sinnenhaftigkeit, an Beziehung in die Theologie, Diakonie, Verkündigung und Liturgie."[173] So betont auch Papst Johannes Paul II.:

„Denn besonders in ihrer Hingabe an die anderen im tagtäglichen Leben begreift die Frau die tiefe Berufung ihres Lebens, sie, die vielleicht noch mehr als der Mann den Menschen sieht, weil sie ihn mit dem Herzen sieht."[174]

Die Frau „scheint von der besonderen Erfahrung der Mutterschaft her *eine spezifische Sensibilität für den Menschen* und für alles, was sein wahres Wohl ausmacht, angefangen vom *fundamentalen Wert des Lebens* zu besitzen."[175]

Und an anderer Stelle führt er aus:

„Vor allem unsere Zeit [erwartet], dass jener ‚Genius' der Frau zutage trete, der die Sensibilität für den Menschen, eben weil er Mensch ist, unter allen Umständen sicherstellt ... ."[176]

Bringt damit der Papst nicht selbst zum Ausdruck, dass Frauen in besonderer Weise geeignet sind, die dienende Sendung Christi und der Kirche realsymbolisch zu vergegenwärtigen? Ist daraus nicht die Konsequenz zu ziehen, dass der Diakonat endlich auch eine Weiheform für Frauen werden muss? Anders gesagt: Die Zulassung von Frauen zur Diakonatsweihe ist nicht nur rechtlich und theologisch unbedenklich, sondern ein drängendes Gebot der Stunde, um endlich den Zeichen der Zeit gerecht zu werden.

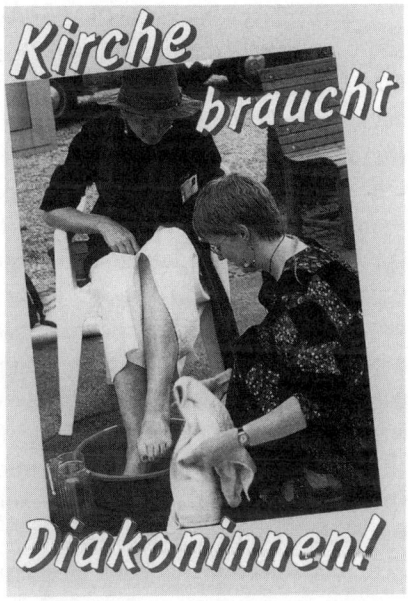

Postkarte:
Netzwerk Diakonat der Frau, Köln.

4.3 Die Diskussion um die Priesterweihe von Frauen

Seit einigen Jahrzehnten werden in der katholischen Kirche heftige Debatten darüber geführt, ob künftig auch Frauen zum Sakrament der Priesterweihe zugelassen werden können, ja zugelassen werden müssen oder ob die Priesterweihe weiterhin strikt an das männliche Geschlecht gebunden bleiben muss. Deshalb hat auch das kirchliche Lehramt, der Papst selbst und in seinem Auftrag die Kongregation für die Glaubenslehre, mehrfach dazu Stellung bezogen.

4.3.1 Die lehramtliche Verkündigung über die ausschließlich Männern vorbehaltene Priesterweihe

Nach den Aussagen des höchsten kirchlichen Lehramtes gehört zu der unwandelbaren Identität des kirchlichen Weiheamtes, dass die sakramentale Vergegenwärtigung Jesu Christi durch den geweihten Priester an das männliche Geschlecht gebunden ist.

So hat bereits 1976 die Glaubenskongregation in der Erklärung „Inter insigniores"[177] verkündet, dass sich die Kirche „aus Treue zum Vorbild ihres Herrn nicht dazu berechtigt [hält], die Frauen zur Priesterweihe zuzulassen."[178] Diese Treue zum Vorbild des Herrn hat ihre Grundlage (1.) im Verhalten Jesu Christi, nur Männer in den Zwölferkreis berufen und damit als Apostel bestellt zu haben, (2.) der Handlungsweise der Apostel, ebenso nur Männer als ihre Nachfolger ausgesucht zu haben, (3.) der dadurch grundgelegten Tradition und (4.) der bleibenden Bedeutung dieser Praxis.[179] Diese von Jesus Christus grundgelegte Tradition gewinnt dadurch eine besondere Aussagekraft, dass sich Jesus in anderen Bereichen sehr wohl für die Frauen eingesetzt hat, und zwar ganz gegen den Trend seiner Zeit. Denn Jesus hat sich in seiner ganzen Einstellung Frauen gegenüber deutlich von seiner viel restriktiveren Umwelt abgehoben. So haben – sogar diskriminierte – Frauen mit Jesus in der Öffentlichkeit Kontakt gepflegt,[180] Frauen haben zu denen gehört, die Jesus nachgefolgt sind (Lk 8,2f), und schließlich sind Frauen die ersten Zeuginnen der Auferstehung gewesen und von Jesus zu den anderen Jüngern gesandt worden (Mt 28,7ff; Joh 20,11ff). Dennoch hat er keine Frauen zu Aposteln berufen! Diese Tatsache gilt als eine maßgebliche Legitimation für die kirchliche Tradition, ebenfalls keine Frauen für den Empfang des Weihesakraments (als Nachfolgeinstitution des Apostelamtes) auszuwählen.[181] Daher steht für das kirchliche Lehramt hinter der kirchlichen Praxis, nur Männer zur Priesterweihe zuzulassen, nicht nur die damalige sozio-kulturelle Situation, sondern auch und vor allem ein positiver Willensakt Jesu, der geschichtlich und gesellschaftlich unabhängig ist und für alle Zeit gilt. Die entscheidende inhaltliche Grundlage für diesen Willensakt wird in der Lehre von der so genannten symbolischen Analogie gesehen, und zwar wie folgt:

> „Die Ökonomie der Sakramente ist in der Tat auf natürlichen Zeichen begründet, auf Symbolen, die in die menschliche Psychologie eingeschrieben sind: ‚Die sakramentalen Zeichen', sagt der hl. Thomas, ‚repräsentieren das, was sie bezeichnen, durch eine natürliche Ähnlichkeit.' Dasselbe Gesetz der Ähnlichkeit gilt ebenso für die Personen wie für die Dinge: wenn die Stellung und Funktion Christi in der Eucharistiefeier sakramental dargestellt werden soll, so liegt diese ‚natürliche Ähnlichkeit', die zwischen Christus und seinem Diener bestehen muss, nicht vor, wenn die Stelle Christi dabei nicht von einem Mann vertreten wird: andernfalls würde man in ihm schwerlich das Abbild Christi erblicken. Christus selbst war und bleibt nämlich ein Mann."[182]

In Ergänzung dazu wird der Gedankengang von der Brautsymbolik dargelegt, nach dem im Verhältnis des (männlichen) Weiheamtsträgers zu seiner Gemeinde das Verhältnis des (männlichen) Bräutigams und Hauptes Christi zu seiner (weiblichen) Braut, der Kirche, abgebildet wird, und zwar auf sakramentale Weise, d.h., die Abbildung bewirkt, was sie bezeichnet.[183] Mit anderen Worten: Nur ein *Mann kann die Relation Christi zur Kirche* als ihr Bräutigam oder Hausvater zeichenhaft sakramental zum Ausdruck bringen. Dabei geht es nicht einfach nur um *die persönliche Geschlechtlichkeit Jesu, die repräsentiert wird,* sondern um *die mit der Geschlechtlichkeit gegebene Symbolik der Relation der Geschlechter zueinander* (= Realsymbolik der geschlechtlichen Differenzierung des Menschen), die unvertauschbar sind genauso wie nur der Mann Vater und die Frau Mutter werden kann.[184]

Da trotz dieser eindeutigen Stellungnahme des römischen Lehramtes die Diskussionen um die Priesterweihe der Frau fortgesetzt worden sind, hat 1994 Papst Johannes Paul II. die gleiche Problemstellung nochmals aufgegriffen und in dem Apostolischen Schreiben „Ordinatio sacerdotalis" ohne Wenn und Aber erklärt, „dass die Kirche keinerlei Vollmacht hat, Frauen die Priesterweihe zu spenden."[185] Für die Begründung, Frauen nicht zur Priesterweihe zuzulassen, hat das Apostolische Schreiben des Papstes von 1994 keine neuen Gesichtspunkte eingebracht, sondern vielmehr die Ausführungen der Erklärung von 1976 in Erinnerung gerufen. In der Ausdrucksweise ist Papst Johannes Paul II. dagegen entschiedener: War in der Erklärung von 1976 noch die relativ offene Formulierung gewählt, dass sich die Kirche „nicht für berechtigt hält", Frauen zur Priesterweihe zuzulassen, heißt es nun im Schreiben von 1994, dass die Kirche dazu „nicht die Vollmacht" hat. War darüber hinaus in „Inter insigniores" nur die Feststellung über die Nichtzulassung der Frau zur Priesterweihe getroffen worden, werden nun in „Ordinatio sacerdotalis" explizit alle Gläubigen in die Pflicht genommen, sich „endgültig an diese Entscheidung zu halten."[186]

Und dennoch wird weiterhin die Frage der Priesterinnenweihe erörtert. Offensichtlich haben das Ausmaß wie auch die Richtung dieser Diskussionen eine dritte Stellungnahme aus Rom hervorgerufen; nur wenige Monate nach „Ordinatio sacerdotalis" hat nämlich die Glaubenskongregation in einem „Responsum" (= Antwort) genannten Schreiben erklärt, dass die in „Ordinatio sacerdotalis" vorgelegte Lehre über die den

Männern vorbehaltene Priesterweihe *„unfehlbar* vorgetragen worden ist" und deshalb „eine endgültige Zustimmung" erfordert.[187] Die entscheidende Passage des Dokumentes lautet:

> „Diese Lehre [sc. von „Ordinatio sacerdotalis"] fordert eine endgültige Zustimmung, weil sie, auf dem geschriebenen Wort Gottes gegründet und in der Überlieferung der Kirche von Anfang an beständig bewahrt und angewandt, vom ordentlichen und universalen Lehramt unfehlbar vorgetragen worden ist (vgl. II. Vatikanisches Konzil Dogmatische Konstitution Lumen gentium 25,2). Aus diesem Grund hat der Papst angesichts der gegenwärtigen Lage, in Ausübung seines eigentlichen Amtes, die Brüder zu stärken (vgl. Lk 22,32), die gleiche Lehre mit einer förmlichen Erklärung vorgelegt, in ausdrücklicher Darlegung dessen, was immer, überall und von allen Gläubigen festzuhalten ist, insofern es zum Glaubensgut gehört."[188]

4.3.2 Die wissenschaftliche Reflexion angesichts der lehramtlichen Dokumente

Weil zum Christsein in der katholischen Kirche das Anerkennen des kirchlichen Lehramtes dazugehört, ist jede katholische Christin und jeder katholische Christ verpflichtet, die vom kirchlichen Lehramt vorgetragene Lehre unvoreingenommen zu würdigen und die sich daraus ergebende Praxis der Kirche als verbindlich anzuerkennen sowie in der Regel einzuhalten. Da aber zum Christsein auch dazugehört, gemäß der je eigenen Stellung der Sendung der Kirche zu dienen, ist jede Katholikin und jeder Katholik außerdem ebenso verpflichtet, selbst über den Inhalt des Glaubens und der Lehre nachzudenken und darüber in und mit der kirchlichen Gemeinschaft im Dienst der Wahrheitsfindung einen Dialog zu führen. Auch wenn nach oder in einer Diskussion oder einem Streit das kirchliche Lehramt eine verbindliche Lehrentscheidung getroffen hat, kann und muss das Suchen nach der Wahrheit weitergehen – denn die Wahrheit ist stets je größer als ihre sprachliche Fassung und deshalb prinzipiell immer der fortschreitenden Differenzierung, Erweiterung und Vertiefung zugänglich; jede sprachliche Formulierung der Wahrheit ist situationsbedingt und kontext-bestimmt. Das weitere Suchen nach der Wahrheit darf natürlich nicht so fortgesetzt werden, als wäre alles noch lehramtlich ungeklärt, sondern vielmehr so, dass die lehramtliche Position auf ihre Begründungszusammenhänge hin kritisch reflektiert wird. Diese Aufgabe der kritischen Reflexion hat insbesondere die Theologin und der Theologe wahrzunehmen. Denn die Funktion, die der theologischen Wissenschaft für die kirchliche Gemeinschaft zukommt, ist es, dadurch zum Aufbau der Kirche beizutragen, dass die der Kirche anvertraute Wahrheit immer tiefer erforscht, wissenschaftlich-argumentativ dargestellt sowie zeitgemäß verkündet wird. Damit hat die wissenschaftliche Theologie zunächst die Aufgabe, „das Lehramt interpretativ und flankierend zu begleiten, aber ganz besonders kommt ihr die Aufgabe zu, das Lehramt auch verantwortungsbewusst, kritisch zu begleiten und ihm argumentativ *voran*zugehen und wissenschaftlich den Weg dafür zu bereiten, dass neue Wege und tiefere Einsichten in die Wahrheit erschlossen werden (vgl. 386 § 2)."[189] Daher ist es nicht nur das Recht, sondern geradezu die Pflicht jeder Theologin und jedes Theologen, den Inhalt eines jeden lehramtlichen Dokumentes kritisch zu prüfen und auf formale und inhaltliche Probleme oder auch Fehler in einer wissenschaftlich adäquaten und zugleich von Loyalität geprägten Form aufmerksam zu machen. Mit anderen Worten und auf das Thema der Frauenordination bezogen: Es macht wenig Sinn, das Thema, auch Frauen zur Priesterweihe zuzulassen, „offiziell zu verschweigen, es als unerwünscht oder als ‚endgültig' gelöst auszuklammern. Solchen elementaren Konflikten muss man sich offen stellen, sie auf argumentative Weise angehen und versuchen, Wege zu finden, die dem Evangelium entsprechen, für unsere Zeit glaubwürdig sind und zugleich die Lage in der Kirche realistisch berücksichtigen."[190] Um dieser Aufgabe in christlicher Verantwortung nachzukommen, muss die Katholikin bzw. der Katholik sowohl das inhaltliche Kriterium der Hierarchie bzw. Rangfolge der Wahrheiten wie auch das formale Element der Autoritätsstufe der jeweiligen Glaubenslehre beachten und darf eigene Auffassungen weder als undiskutable Schlussfolgerungen noch als lehramtliche Aussage darstellen.

In dem Bewusstsein dieser gegenseitigen Verwiesenheit von Lehramt und Theologie sind bei aller Loyalität zur kirchlichen Autorität gerade bei den lehramtlichen Schreiben zur Frauenordination aus wissenschaftlicher Sicht einige Anfragen formaler und inhaltlicher Art zu stellen:

a) Anfragen hinsichtlich der theologisch-rechtlichen Einordnung der verkündeten Lehre

Form und Inhalt der Dokumente sagen deutlich aus, dass es sich bei dem Ausschluss der Frauen von der Priesterweihe nicht nur um eine *disziplinäre* Regelung handelt, sondern um eine verpflichtende bzw. *verbindliche Lehrentscheidung*, an die jede katholische Christin, jeder katholische Christ gebunden ist.[191] Umgekehrt ist aber ebenso festzuhalten: Nicht jede verbindliche Glaubenslehre ist auch schon eine *unfehlbare Lehrentscheidung.* Umso überraschender mutet es an, dass die Glaubenskongregation in ihrem „Responsum" von 1995 einfach erklärt hat, dass die Lehre über die den Männern vorbehaltene Priesterweihe „unfehlbar" vorgetragen worden sei. Denn zum einen steht es der Glaubenskongregation nicht zu, eine unfehlbare Lehrentscheidung zu treffen, auch nicht in einem bzw. durch ein Schreiben, das vom Papst approbiert (= gebilligt) ist; eine unfehlbare Lehrentscheidung kann nur der Papst persönlich vornehmen (= so genannte Ex-cathedra-Entscheidung) oder das Bischofskollegium zusammen mit dem Papst, und zwar entweder auf einem Ökumenischen Konzil oder durch eine gemeinsame Übereinkunft, dass eine Aussage als endgültig verbindlich zu gelten hat (= so genanntes ordentliches und universales Lehramt). Zum anderen sind Lehrentscheidungen nur dann unfehlbar, wenn bei ihrer Verkündigung bestimmte Kriterien inhaltlicher und formaler Art strikt eingehalten worden sind. So muss der Papst oder das Bischofskollegium bei einer solchen Verkündigung erstens explizit seine höchste Autorität in der Kirche in Anspruch nehmen, zweitens darf es sich nur um eine geoffenbarte oder zum Verständnis der Offenbarung notwendige Glaubens- und Sittenlehre handeln, die drittens durch die Art und Weise der Verkündigung eindeutig als unfehlbare Lehre qualifiziert wird, indem sie als definitiv (= endgültig) verpflichtend verkündet wird. Sofern der Papst persönlich die Unfehlbarkeit einer Lehrverkündigung in Anspruch nimmt, ist noch ein weiteres viertes Kriterium zu beachten, nämlich die Erklärung, dass er dies zur Stärkung seiner Brüder im Glauben tut. Sowohl die Träger (Papst und Bischofskollegium) wie auch die eben genannten Kriterien unfehlbarer Lehrentscheidungen sind im kirchlichen Gesetzbuch von 1983 genau festgelegt, und zwar in c. 749, der folgenden Wortlaut hat:

„§ 1. Unfehlbarkeit im Lehramt besitzt kraft seines Amtes der Papst, wann immer er als oberster Hirt und Lehrer aller Gläubigen, dessen Aufgabe es ist, seine Brüder im Glauben zu stärken, eine Glaubens- oder Sittenlehre definitiv als verpflichtend verkündet.

§ 2. Unfehlbarkeit im Lehramt besitzt auch das Bischofskollegium, wann immer die Bischöfe, auf einem Ökumenischen Konzil versammelt, ihr Lehramt ausüben, indem sie als Lehrer und Richter über Glaube und Sitte für die ganze Kirche eine Glaubens- oder Sittenlehre definitiv als verpflichtend erklären; oder wann immer sie, über die Welt verstreut, unter

Wahrung der Gemeinschaft untereinander und mit dem Nachfolger Petri, zusammen mit eben dem Papst in authentischer Lehre über Sachen des Glaubens oder der Sitte zu ein und demselben, als definitiv verpflichtenden Urteil gelangen.

§3. Als unfehlbar definiert ist eine Lehre nur anzusehen, wenn dies offensichtlich feststeht."

Eine feste Form, wie die hier festgelegten Kriterien geltend zu machen sind, ist vom kirchlichen Gesetzgeber nicht vorgeschrieben. Um allerdings die in c.749 §3 geforderte Offensichtlichkeit gewährleisten zu können, werden in der Kirchenrechtswissenschaft die drei Formerfordernisse genannt: Ausdrücklichkeit, sprachliche Formelhaftigkeit und Förmlichkeit.[192]

Was gilt angesichts c.749 für die Einordnung des päpstlichen Schreibens „Ordinatio sacerdotalis"? Welche Qualität der Lehre kommt seinem Inhalt zu? Die dafür maßgebliche Aussage in „Ordinatio sacerdotalis" lautet:

„Damit also jeder Zweifel bezüglich der bedeutenden Angelegenheit, die die göttliche Verfassung der Kirche selbst betrifft, beseitigt wird, erkläre ich kraft meines Amtes, die Brüder zu stärken (vgl. Lk 22,32), dass die Kirche keinerlei Vollmacht hat, Frauen die Priesterweihe zu spenden, und dass sich alle Gläubigen der Kirche endgültig an diese Entscheidung zu halten haben."[193]

Von den vier notwendigen Kriterien für eine unfehlbare Lehrentscheidung des Papstes ist lediglich die Inanspruchnahme, *„die Brüder zu stärken"*, vorhanden. Dagegen wird nicht erwähnt, dass der Papst als „oberster Hirt und Lehrer aller Gläubigen" handelt.[194] Auch von einer „Glaubensoder Sittenlehre" ist nirgends die Rede; diese könnte lediglich angedeutet sein in der offenen Formulierung von *„der bedeutenden Angelegenheit, die die göttliche Verfassung der Kirche selbst betrifft"*. Hinzu kommt, dass keineswegs klar hervorgeht, was mit dieser „bedeutenden Angelegenheit" genau gemeint ist. Dem Kontext nach könnte es sowohl die Priesterweihe an sich sein wie auch speziell die Geschlechtsfrage bei der Priesterweihe. Schließlich werden zwar die Gläubigen in die Pflicht genommen, sich „endgültig [= definitiv] an diese Entscheidung zu halten", allerdings ohne vorher die dafür notwendige Qualifizierung vorgenommen zu haben, dass diese Entscheidung „definitiv [= endgültig] verpflichtend verkündet" ist. Es wird also gleichsam der zweite Schritt getan, ohne den ersten Schritt gesetzt zu haben; es wird ein endgültiger Zustimmungsgehorsam eingefordert, wie er in c.750 §2[195] normiert ist, ohne die Grundlage dafür geschaffen zu haben, nämlich eine entsprechende Lehre als „definitiv [= endgültig] verpflichtend verkündet" zu benennen.[196]

Alle Aspekte zusammen genommen führen zu dem Ergebnis: „Ordinatio sacerdotalis" ist eindeutig ein Lehrschreiben des Papstes, das aber begrifflich und inhaltlich in einer Art und Weise vorgelegt worden ist, die nicht den in c.749 §1 genannten Kriterien für die Qualifizierung einer *unfehlbaren* Lehrverkündigung des Papstes entspricht.[197] Deshalb ist hier auf jeden Fall §3 der gleichen Rechtsbestimmung geltend zu machen, wonach eine Lehre nur dann als unfehlbar anzusehen ist, wenn dies offensichtlich feststeht. Genau diese Offensichtlichkeit der Unfehlbarkeit ist aber bei „Ordinatio sacerdotalis" nicht gegeben.[198] Daran kann auch die Glaubenskongregation nichts ändern; denn ihr fehlt gemäß c.749 die Kompetenz dazu, die vom Papst vorgelegte Lehre für unfehlbar zu erklären. Dies gilt unabhängig davon, ob die Erklärung der Glaubenskongregation mit einer so genannten päpstlichen Billigung bzw. Approbation (in welcher Form auch immer) vorgelegt worden ist oder nicht.[199]

Mit Blick auf §2 des c.749 ist nun aber noch in einem weiteren Schritt zu prüfen, ob die in „Ordinatio sacerdotalis" enthaltene Lehre deshalb als *unfehlbar* verkündet zu betrachten ist, weil in dieser vom Papst vorgetragenen Lehre *alle* Bischöfe „zu ein und demselben, als definitiv verpflichtenden Urteil" (c.749 §2) gelangt sind, weil also ein Akt des so genannten „ordentlichen und universalen Lehramtes der Bischöfe" gegeben ist, die in Einheit untereinander und mit dem Papst stehen. In diesem Fall wäre die Lehre von „Ordinatio sacerdotalis" nicht durch einen besonderen Lehrakt bzw. durch eine Ex-cathedra-Entscheidung des Papstes gemäß c.749 §1 *unfehlbar*, sondern deshalb, weil *alle* Bischöfe *das gleiche* definitiv verpflichtende *Urteil* vertreten (c.749 §2). Indem die Glaubenskongregation in ihrem „Responsum" formuliert, dass die in „Ordinatio sacerdotalis" vorgelegte Lehre *„vom ordentlichen und universalen Lehramt* unfehlbar *vorgetragen"* worden sei, nimmt sie offensichtlich in Anspruch festzustellen, dass genau diese Form der unfehlbaren Lehrverkündigung gemäß c.749 §2 vorliegt. Diese Inanspruchnahme ist aber nicht rechtens und damit auch nicht rechtsgültig.[200] Denn um diese Feststellung treffen zu können, hätte gemäß c.749 §2 ein übereinstimmendes „Urteil" aller Bischöfe vorliegen müssen, und zwar unter Beachtung des c.749 §3 in *offensichtlicher* Weise. Das wiederum heißt, dass *alle* Bischöfe *explizit* die Lehre von „Ordinatio sacerdotalis" vertreten oder ihr zustimmen hätten müssen, sei es auf Anfrage, sei es durch eine von sich aus abgegebene Stellungnahme, um die in c.749 §2 rechtlich definierte Unfehlbarkeit geltend zu machen. Dies ist aber bislang nicht geschehen.

„Anders als bei den in der Enzyklika ‚Evangelium vitae' ausgesprochenen Verurteilungen von Abtreibung und Euthanasie sind in der Frage der Priesterweihe für Frauen die Bischöfe von Johannes Paul II. nicht konsultiert worden. Bis zu ‚Ordinatio sacerdotalis' hat auch kein Papst oder Konzil die Priesterweihe für Frauen grundsätzlich für unmöglich erklärt. Bei der von ‚Ordinatio sacerdotalis' vorgetragenen Lehre bestehen deshalb erhebliche Zweifel hinsichtlich der durch die Glaubenskongregation spezifizierten Letztverbindlichkeit dieser Lehre, zumal eine letztverbindliche Lehraussage durch den Glaubenskonsens der Kirche getragen sein muss. Es ist also nicht erkennbar, dass der Ausschluss von Frauen von der Priesterweihe eine das authentische Glaubenszeugnis betreffende unfehlbare Lehraussage darstellt."[201] Nochmals in rechtlicher Sprache auf den Punkt gebracht: Es steht nicht offensichtlich fest, dass tatsächlich *alle* Bischöfe der katholischen Welt in der Lehre von „Ordinatio sacerdotalis" *das gleiche* definitiv verpflichtende *Urteil* vertreten, wie es in c.749 §2 i.V.m c.749 §3 CIC für ein *unfehlbares* Lehren des Bischofskollegiums als unabdingbare Voraussetzung verlangt ist. Denn ein übereinstimmendes Urteil des gesamten Bischofskollegiums im Sinne des c.749 §2 CIC kann nicht einfach präsumiert werden, wie es die Glaubenskongregation in ihrem „Responsum" getan hat, sondern muss nachweislich erbracht werden.[202] Deshalb ist auch hier auf jeden Fall c.749 §3 zu beachten, sodass die Lehre von „Ordinatio sacerdotalis" nicht als unfehlbar definiert anzusehen ist, weil dies nicht offensichtlich feststeht.

Zusammenfassend ist also festzuhalten: Die lehramtliche Verkündigung hinsichtlich der Nichtzulassung von Frauen zur Priesterweihe ist in einem hohen Grad *verbindlich*, aber nicht letztverbindlich und damit auch *nicht* absolut *unveränderbar*. Denn die Unfehlbarkeit der Lehre wird zwar erklärt, aber in einer Art und Weise, die selbst nicht unfehlbar ist, da sie nicht den Vorschriften der unfehlbaren Lehrverkündigung gemäß c.749 CIC genügt.[203] Kurzum: Auf fehlbare Weise als unfehlbar qualifiziert kann die genannte Lehre nicht unfehlbar sein;[204] als nicht unfehlbar ist sie zwar verbindlich, aber nicht unveränderbar.[205]

b) Anfragen inhaltlicher Art an die Begründungszusammenhänge der verkündeten Lehre

Seit den 1960er Jahren hat sich die theologische Wissenschaft immer wieder intensiv mit der Lehre auseinandergesetzt, dass Frauen nicht zum Empfang der Priesterweihe zugelassen werden können. In den zahlreichen Veröffentlichungen zu diesem Thema werden vor allem folgende Bedenken und Anfragen geäußert und zur Diskussion gestellt:

1. Ein zentraler kritischer Hinweis betrifft die Bedeutung des Zwölferkreises. Hier wird immer wieder darauf aufmerksam gemacht, dass es bei der Berufung der Apostel nicht um die Frage von Mann und Frau geht, sondern um eine Zeichenhandlung, die sich auf die zwölf Stämme des Volkes Israel bezieht. Die zwölf von Jesus ausgewählten Männer stehen für die neuen Stammväter des zu erneuernden Israel. „Diese *prophetische Zeichenhandlung* konnte natürlich am besten durch (1) *zwölf* (2) *jüdische* (3) *Männer* symbolisiert werden (und nicht durch eine beliebige Zahl z.b. von Juden und Samaritern oder von Frauen und Männern)."[206] Allerdings spielte diese Zeichenhandlung offensichtlich schon bald keine Rolle mehr. Denn zwei von den drei Merkmalen werden kurze Zeit später nicht mehr beachtet: Die Zahl „Zwölf" wird ebenso nicht wieder hergestellt wie auch Nichtjuden als Apostel hinzukommen. Von daher stellt sich die Frage: Warum hält die Kirche ausgerechnet am dritten Merkmal, dem Geschlecht, so eisern fest, um den Dienst der „Zwölf" bzw. der Apostel wahrnehmen zu können?[207] Hat sie dabei im Blick, dass selbst in den Schriften des Neuen Testaments die Zurückweisung der Frauen vom öffentlich-amtlichen Auftreten an keiner einzigen Stelle mit dieser Zeichenhandlung Jesu oder einer anderen speziellen Weisung Jesu begründet wird? Und trägt sie der Tatsache Rechnung, dass die Gesellschaft inzwischen

Bild: Quelle unbekannt.

immer weniger von patriarchalischen Strukturen geprägt ist, sondern sich immer stärker auf ein partnerschaftliches Verhältnis zwischen Mann und Frau gründet?[208]

2. Ebenso werden immer wieder Bedenken gegen die Gleichsetzung erhoben: die *Zwölf* sind gleich die *Apostel* sind gleich die *Priester*. Denn erstens war der Apostelkreis größer als der Zwölferkreis und zweitens gelten seit alters nicht die Priester, sondern nur die Bischöfe als Nachfolger der Apostel. In diesem Sinn wird geltend gemacht: „Der Übergang vom Begriff des Apostels und der Zwölf zum Begriff des Priesters (und Bischofs) [ist] in der Erklärung [sc. Inter insigniores] zu einfach, als dass er den heutigen Erkenntnissen des Werdens der Urkirche, ihrer Struktur und Organisation genügen könnte. Wenn man solche sehr schwierigen, aber heute nicht mehr zu umgehenden Erkenntnisse würdigt, dann kann man sich fragen, ob sich etwas Bestimmtes und Eindeutiges aus der Wahl von Männern für das Zwölferkollegium durch Jesus für die Frage eines normalen und schlichten Gemeindeleiters und Vorstehers der Eucharistiefeier in einer beliebigen Gemeinde in späterer Zeit ableiten lasse."[209] Oder nochmals anders gesagt: „Wenn man das Neue Testament nach der Ordination der Frau befragt, so trägt man an es eine Frage heran, die in ihm nicht gestellt ist. Nicht einmal die Art und Weise der Leitung der Eucharistiefeier ist dort im Blickfeld."[210]

3. Auch der Gedankengang der symbolischen Analogie des Glaubens zusammen mit der Brautsymbolik stößt auf Anfragen. Vor allem drei Gesichtspunkte werden hier geltend gemacht:
    Erstens gibt es für die Kirche nicht nur das Bild von der Braut, sondern viele weitere wie z.B. das Bild vom Volk Gottes, Leib Christi, Tempel des Heiligen Geistes. Das Bräutigam-Braut-Bild ist also nur eines von vielen. Das neue Testament gibt keinem der zahlreichen Bilder für die Kirche „das Monopol, auch nicht der Bräutigam-Braut-Symbolik."[211]
    Zweitens sind Herkunft und Inhalt des Bildwortes von der Braut Gottes bzw. Christi zu beachten. Ursprünglich im Alten Testament verwendet, findet es auch Eingang ins Neue Testament als Umschreibung für die gnadenhafte Erwählung des Gottesvolkes (Braut) durch Jahwe bzw. Christus (Bräutigam). Grundlage der Bräutigam-Braut-Metaphorik ist somit ein Verhältnis von Über- und Unterord-

nung zwischen Bräutigam und Braut; denn der Bräutigam ist als der Erwählende der Aktive, die Braut als die Erwählte die passiv Reagierende. Da diese ungleiche Beziehung zwischen Bräutigam und Braut ebenso wenig dem heutigen Selbstverständnis von Brautpaaren entspricht wie sie auch nicht mehr Inhalt der kirchlichen Lehre ist,[212] erweist sich die Brautmetaphorik nur noch als sehr bedingt geeignete Ausdrucksweise für das unabdingbar übergeordnete Verhältnis Christi zur Gemeinde. Wird bei der Bräutigam-Braut-Metaphorik auch noch die natürliche Ähnlichkeit geltend gemacht, um das Verhältnis Gottes (Christi) zur Kirche abbilden zu können, „müßte man konsequenterweise behaupten, die Frau sei dem Mann wesensgemäß untergeordnet und ebendeshalb könne nur ein Mann Christus, das Haupt der Frau (Gemeinde), sakramental darstellen. Im Klartext: Nur wenn die Frau dem Mann als ihrem ‚Haupt‘ wesensgemäß untergeordnet wäre, könnte theologisch begründet werden, dass ausschließlich der Mann mit seiner ‚natürlichen Ähnlichkeit‘ zum ‚Bräutigam‘ Jesus den Herrn und das Haupt der Gemeinde – seiner Braut – gültig repräsentiere; nur unter Hinweis auf die wesensgemäße Unterordnung der Frau unter den Mann könnte theologisch begründet werden, dass die Frau allenfalls die ihrem Herrn und Haupt Jesus Christus in allem untergeordnete Gemeinde – die ‚Braut‘– repräsentieren kann, niemals aber den der Braut in allem übergeordneten Bräutigam und Herrn Jesus Christus.“[213]

Drittens wird nirgendwo im Neuen Testament erkennbar, dass das „Mann-Sein“ Jesu ein theologisch ausschlaggebender Grund für sein Haupt-Sein gegenüber seinem Leib bzw. für sein Bräutigam-Sein gegenüber seiner Braut, der Kirche, sein soll. Grundlage seines Haupt-Seins und seines Bräutigam-Seins ist vielmehr und einzig seine Erlösungstat. Und diese Erlösungstat hat aber gerade nicht im Mann-Sein Jesu ihren Grund, sondern allein in seiner liebenden Hingabe an die Menschen. Nicht das Mann-Sein des Weiheamtsträgers ist entscheidend, um die erlösende Rolle Christi als des Hauptes gegenüber seiner Kirche sakramental darzustellen. „Denn gerade nicht aufgrund von Geschlecht, Rasse oder Klasse repräsentiert das [priesterliche] Amt Christus, sondern allein aufgrund der Weihe, durch die ein Mensch kirchlich-sichtbar von Gott zu diesem Dienst bestellt und befähigt wird.“[214]

4. Vor einer Überbetonung des Geschlechts Jesu Christi wird auch von der Theologiegeschichte her gewarnt. Entscheidend ist nicht das Mann-Werden Gottes in Jesus Christus, sondern sein Mensch-Werden. Diese Erkenntnis hatte sich schon in der frühen Kirche durchgesetzt und ist bereits auf dem 4. Ökumenischen Konzil von Chalkedon im Jahre 451 lehramtlich als Bestandteil unseres Glaubensbekenntnisses festgeschrieben worden.[215] „Die gesamte christologische Streitgeschichte reflektierte einzig und allein die Thematik der *Menschwerdung*; der Logos hat nicht das *Mannsein* angenommen, sondern die menschliche Natur als solche, die *Frausein* und *Mannsein* insgesamt ist. Mit aller Entschiedenheit und auch spekulativer Anstrengung wurde das ‚Logos-Sarx-Schema' nicht zuletzt deshalb zurückgewiesen, weil der Logos nicht in ein biologisches Etwas (Sarx-Fleisch) *hineingestiegen*, sondern ‚Anthropos', Mensch *geworden ist*, mit dessen Einheit von Leibhaftigkeit, psychischer Beschaffenheit und freier, denkender Selbstverantwortung. Dass die Menschwerdung des Logos sich ‚in der Form des männlichen Geschlechts' ereignete, bedeutet nicht, dass das Mannsein der für den Logos adäquatere Status der Inkarnation wäre, etwa mit der Konsequenz, dass dieser menschgewordene Logos wiederum nur im Manne adäquat repräsentiert werden könne. Die theologische Aussage, dass die Menschwerdung des Logos ‚in der Form des männlichen Geschlechts erfolgt', produziert allein dadurch keine Banalität, dass sie sich auf eine Glaubenswahrheit beziehen darf, die besagt, dass die in der Person Jesu Christi geeinten Naturen (menschliche und göttliche) weiterhin in deren Unterschiedlichkeit und ‚Eigentümlichkeit' bestehen bleiben. Zu dieser Eigentümlichkeit der menschlichen Natur gehören nun einmal die geschlechtsspezifische Daseinsweise, die ethnische Zugehörigkeit (Judesein Jesu), die geschichtlich-kontingenten Koordinaten wie auch die kulturell-religiösen Bedingungen der Lebenswelt. Wer dieses nicht wahrzunehmen vermag, wird sich die Frage nach dem ‚monophysitischen' Rest seines Glaubens gefallen lassen müssen."[216]

5. Von der anthropologischen Überzeugung und Lehre her, dass Frau und Mann die gleiche Würde haben und gleichberechtigt sind, wird in der Zulassungsbedingung des männlichen Geschlechts zum Weihesakrament eine strukturelle Benachteiligung von Frauen

geltend gemacht und gefordert: „Aufgrund des Gleichheitsgrundsatzes (vgl. c. 208 CIC/1983) ... haben Frauen einen strukturellen Anspruch (nicht gleichzusetzen mit persönlichem, subjektivem Anspruch!) auf das Priestertum, d.h. ihnen muss der Zugang zu diesem Amt ‚unter den gleichen Bedingungen und Umständen' wie dem Mann eröffnet werden."[217]

6. In letzter Zeit wird gelegentlich ein Perspektivenwechsel angemahnt durch Anfragen wie diese: Haben wir tatsächlich zu wenig Priesterberufungen oder legen wir nur die falschen Kriterien an? Muss nicht die Sorge dafür, dass die Kirche durch Wort und Sakrament an Christus rückgebunden bleibt, wichtiger sein als das Aufrechterhalten der traditionellen Zulassungsbedingungen?[218] Und könnte hier nicht der katholische Grundsatz von der „Hierarchie der Wahrheiten" einen Lösungsweg bahnen? Dieser Grundsatz ist auf dem II. Vatikanischen Konzil im Ökumenismusdekret „Unitatis redintegratio" Art. 11 wie folgt formuliert worden: „Beim Vergleich der Lehren miteinander soll man nicht vergessen, dass es eine Rangordnung oder ‚Hierarchie' der Wahrheiten innerhalb der katholischen Kirche gibt, je nach der verschiedenen Art ihres Zusammenhangs mit dem Fundament des christlichen Glaubens." Eine konsequente Anwendung dieses Grundsatzes führt zu der Schlussfolgerung: Die regelmäßige Feier der Eucharistie, vor allem am Sonntag, ist ein unumstrittenes Wesenselement im Zentrum der katholischen Kirche, während im Vergleich dazu die Geschlechtsfrage beim Empfänger des Weihesakraments eher an der Peripherie steht, auf jeden Fall aber nicht derart zum Zentrum zählt wie die Eucharistiefeier. Demzufolge würde doch die Zulassung von Frauen zur Priesterweihe einen kleineren Traditionsbruch darstellen als die so genannten priesterlosen Gemeinden, die keinen eigenen Pfarrer mehr haben, und als der immer häufiger werdende Verzicht auf die Eucharistiefeier, vor allem sonntags, wegen Priestermangels.[219]

7. Schließlich wird auch an die Aussagen des Lima-Papiers über die Frauenordination in den nichtkatholischen christlichen Kirchen erinnert, die bereits 1981 erklären: „Diejenigen Kirchen, die Frauen ordinieren, tun dies aus ihrem Verständnis des Evangeliums und des Amtes heraus. Es beruht für sie auf der tiefen theologischen Überzeugung, dass es dem ordinierten Amt der Kirche an Fülle

mangelt, wenn es auf ein Geschlecht beschränkt ist. Diese theologische Überzeugung wurde verstärkt durch ihre Erfahrung in den Jahren, in denen sie Frauen in ihr ordiniertes Amt einbezogen haben. Sie haben erfahren, dass die Gaben der Frauen so breit gestreut und vielseitig sind wie die der Männer und dass ihr Amt vom Heiligen Geist in ebenso vollem Maße gesegnet ist wie das Amt der Männer. Keine Kirche hat Anlaß gehabt, ihre Entscheidung zu überprüfen."[220] Hierdurch ist das Thema der Frauenordination „für die römisch-katholische Kirche gleichzeitig eine Frage der Ökumene und eine Anfrage an die eigene Praxis [geworden]."[221] Ja sie ist sogar eine Herausforderung an die Dogmatik der katholischen Kirche geworden, und zwar vor allem angesichts der Lehre des II. Vatikanischen Konzils, wonach die getrennten Kirchen und kirchlichen Gemeinschaften „nicht ohne Bedeutung und Gewicht im Geheimnis des Heiles" sind, weil der Heilige Geist auch sie „als Mittel des Heiles" gebraucht (UR 3,4). Wie ist auf diesem Hintergrund die Entwicklung zu bewerten, dass seit 1992 auch die Anglikaner in England die Frauenpriesterweihe und die deutschen Lutheraner sogar Frauen als Bischöfinnen eingeführt haben? Können oder müssen solche weitreichenden und von einer wachsenden Zahl solcher Gemeinschaften getroffenen Entscheidungen nicht auch als Appell des Geistes gedeutet werden?[222]

4.3.3 Theologisch-rechtliche Schlussfolgerungen

I. Die Entscheidung, ob der Ausschluss der Frauen von der Priesterweihe wirklich zum bleibend normativen und nicht zum geschichtlich wandelbaren Gehalt der Tradition gehört, „obliegt der Kirche selbst, und zwar konkretisiert durch den Dienst ihres Lehramtes"[223], das seinerseits auf den Glaubenssinn der ganzen Kirche und die Erkenntnisse der wissenschaftlichen Theologie verwiesen ist. Deshalb gilt: Rechtliche Regelungen und Festlegungen können erst dann von der zuständigen kirchlichen Autorität (prinzipiell) geändert werden, wenn sich die ihnen zugrundliegende Theologie (prinzipiell) geändert hat. Das ist der Hintergrund für die Aussage des kirchlichen Gesetzgebers:

4 Für immer vom Weihesakrament ausgeschlossen?

„Da die Sakramente für die ganze Kirche dieselben sind und zu dem von Gott anvertrauten Gut gehören, hat allein die höchste kirchliche Autorität zu beurteilen oder festzulegen, was zu ihrer Gültigkeit erforderlich ist ..." (c. 841).

2. Wenn auch dem Lehramt darin voll und ganz zuzustimmen ist, dass die Kirche stets die Treue zu Jesus Christus wahren muss, auch und gerade in der Frage der Priesterweihe, so darf dennoch nicht übersehen werden, dass die Frage, *worin genau die Treue hinsichtlich des Geschlechtes bei der Priesterweihe besteht*, wissenschaftlich wie lehramtlich noch nicht hinreichend geklärt ist, genau genommen, noch immer offen ist. Darum muss die Diskussion zwischen Lehramt, Glaubenssinn aller Gläubigen und Wissenschaft darüber fortgesetzt werden, welche (un)wandelbare theologische Bedeutung dem Geschlecht bei der Priesterweihe zukommt, „mit Vorsicht, unter gegenseitigem Respekt, in Kritik gegenüber unangebrachten Emotionalitäten, die auch auf beiden Seiten ausdrücklich oder heimlich am Werk sind, aber auch mit dem Mut zu einem geschichtlichen Wandel, der zu der Treue gehört, die die Kirche ihrem Herrn schuldet."[224]

3. Alle theologischen und rechtlichen Aspekte konsequent zu Ende gedacht führen zu dem Ergebnis: „Die in ,Ordinatio sacerdotalis' getroffene Entscheidung des Papstes ist universalkirchlich verbindlich und deshalb von Bischöfen und Theolog[Inn]en [wie auch von allen katholischen ChristInnen] zu respektieren. Es sprechen aber keine zwingenden dogmatischen Gründe gegen eine spätere Korrektur. Wie das Beispiel der Religions- und Gewissensfreiheit zeigt, wäre es auch nicht das erste Mal, dass das römische Lehramt eine als verbindlich eingestufte Lehrposition modifiziert hätte. Um zu einer möglichen Korrektur der Lehrposition von ,Ordinatio sacerdotalis' zu kommen, wird es freilich wegen der hohen Verbindlichkeit, die Johannes Paul II. seiner Entscheidung gegen die Priesterweihe von Frauen beigemessen hat, die ganze Autorität eines Ökumenischen Konzils brauchen."[225]

4.3.4 Die Aktion der „Priesterinnenweihe" und ihre rechtlichen Folgen

Im Frühsommer 2002 hatten sieben Frauen aus Deutschland, Österreich und den USA erklärt, nicht mehr nur über die Priesterweihe der Frau diskutieren zu wollen, sondern diese in die Tat umzusetzen: Nachdem sie nach eigenen Angaben einen ca. dreijährigen Ausbildungskurs absolviert hatten, ließen sie sich am 29. Juni 2002 auf einem Donauschiff zwischen Passau und Linz von dem so genannten „katholisch-charismatischen Erzbischof" Romulo Antonio Braschi nach dem römisch-katholischen Ritus der Priesterweihe zu „Priesterinnen" weihen. Diese Vorgehensweise löste eine ganze Kette von strafrechtlichen Reaktionen der Glaubenskongregation und Gegenreaktionen der davon betroffenen Frauen aus.[226]

a) Aufruf zur Umkehr unter Androhung der Exkommunikation –
Verweigerung der Reue und der Bitte um Verzeihung
Bereits wenige Tage nach der so genannten „Priesterinnenweihe" erfolgte eine Art schriftliche Verwarnung (= Monitum) der Glaubenskongregation, in der den sieben Frauen die Exkommunikation angedroht wurde. Sachlich handelte es sich bei diesem „Monitum" genannten Schreiben wohl um ein Dekret der Strafandrohung. Die rechtliche Grundlage dafür bieten

„Priesterinnenweihe" am 29. Juni 2002 auf einem Donauschiff zwischen Passau und Linz. Foto: www.BilderBox.com/Erwin Wodicka.

c.1319 §1[227] und c.1342 §1[228] CIC/1983, wonach Strafen in der Kirche nicht nur auf dem Gerichtsweg gemäß cc. 1717–1731, sondern auch auf dem Verwaltungsweg per Dekret erlassen werden können. Im vorliegenden Fall hatte der Erlass der Glaubenskongregation folgenden Wortlaut:

„Erklärung (Monitum)

Am vergangenen 29. Juni 2002 hat der Gründer einer schismatischen Gemeinschaft, Romulo Antonio Braschi, versucht, den katholischen Frauen Christine Mayr-Lumetzberger, Adelinde Theresia Roitinger, Gisela Forster, Iris Müller, Ida Raming, Pia Brunner und Angela White die Priesterweihe zu erteilen.

Um das Gewissen der Gläubigen zu orientieren und jeden Zweifel in dieser Angelegenheit zu beseitigen, möchte die Kongregation für die Glaubenslehre in Erinnerung rufen, dass die Kirche gemäß dem Apostolischen Schreiben *Ordinatio sacerdotalis* von Papst Johannes Paul II. ‚*keinerlei Vollmacht hat, Frauen die Priesterweihe zu spenden, und dass sich alle Gläubigen endgültig an diese Entscheidung zu halten haben*' (Nr.4). Die erfolgte ‚Priesterweihe' ist die Simulation eines Sakramentes und deshalb ungültig und nichtig und stellt einen schweren Verstoß gegen die göttliche Verfassung der Kirche dar. Weil der ‚weihende' Bischof einer schismatischen Gemeinschaft angehört, handelt es sich darüber hinaus um ein schweres Vergehen gegen die Einheit der Kirche. Der Vorfall schadet auch der rechten Förderung der Frau, die in der Kirche und in der Gesellschaft einen eigenen, spezifischen und unersetzbaren Platz einnimmt.

Mit dieser Erklärung, die sich den vorausgehenden Stellungnahmen des Bischofs von Linz und der österreichischen Bischofskonferenz anschließt, werden die oben genannten Frauen gemäß can.1347 §1 CIC verwarnt, dass sie sich die Exkommunikation zuziehen, wenn sie nicht – bis zum 22. Juli 2002 – (1.) die Nichtigkeit der von einem schismatischen Bischof empfangenen ‚Weihe' anerkennen, die im Widerspruch zur endgültigen Lehre der Kirche steht, und (2.) Reue bekennen und um Verzeihung bitten für das bei den Gläubigen verursachte Ärgernis

Rom, am Sitz der Kongregation für die Glaubenslehre, dem 10. Juli 2002. Joseph Card. Ratzinger, Präfekt
Tarcisio Bertone , S.D.B.
Erzbischof em. von Vercelli, Sekretär"[229]

Im Mittelpunkt dieses Schreibens stehen zwei Sachverhalte, die schwerwiegende Straftaten in der katholischen Kirche darstellen und deshalb von der Glaubenskongregation verurteilt und mit den dafür vorgesehenen Strafdrohungen belegt worden sind.

- Der erste Sachverhalt ist die *Vortäuschung* bzw. *Simulation einer Sakramentenspendung*, hier des Weihesakraments. Ausgangspunkt dafür ist die Bestimmung des c.1024, wonach die heilige Weihe *gültig* nur ein getaufter Mann empfängt. Wer daher Frauen (getauften oder ungetauften) eine Weihe spendet, begeht eine Simulation. Und Simulation ist nach c.1379 ein *Delikt*, das mit einer gerechten Strafe belegt werden soll. Diese Strafe muss als *Spruchstrafe* verhängt werden, kann also nicht als Tatstrafe eintreten. Denn gemäß c.1314 ist eine Strafe in der Regel eine Spruchstrafe und nur in Ausnahmefällen eine Tatstrafe, nämlich nur dann, wenn das Strafgesetz oder das Strafgebot dies ausdrücklich festlegt. Der entscheidende Unterschied zwischen Spruchstrafe und Tatstrafe liegt darin, dass die Tatstrafe bereits mit Begehen der Tat und somit ohne Strafspruch durch eine kirchliche Autorität eintritt, während die Spruchstrafe erst durch den Urteilsspruch eines kirchlichen Richters verhängt werden muss.

Als „gerechte Strafe" für die Simulation der Spendung des Weihesakramentes hat sich die Glaubenskongregation in ihrem Schreiben für die Exkommunikation entschieden. Wörtlich übersetzt heißt Exkommunikation „Ausgemeinschaftung". Die Exkommunikation ist aber nicht eine gänzliche *Aus*sonderung aus der Gemeinschaft der Kirche, wie es oft behauptet wird, sondern lediglich eine *Ab*sonderung aus der tätigen Gemeinschaft der Kirche, und zwar auf Zeit, deren Dauer insofern von der exkommunizierten Person selbst bestimmt wird, als sie bei glaubhaft vollzogenem Sinneswandel ein Recht auf die Rückkehr aus der Absonderung in die gelebte Gemeinschaft hat (c.1358 §1 i.V.m. c.1347 §2). Diese (vorübergehende) Absonderung aus der tätigen Gemeinschaft der Kirche kommt dadurch zum Ausdruck, dass folgende Rechte nicht wahrgenommen werden können: Empfangen und Spenden von Sakramenten, Empfangen von Sakramentalien sowie das Ausüben liturgischer und kirchlicher Dienste und Ämter (c.1331).

Hervorzuheben ist in diesem Zusammenhang, dass sich keineswegs nur Bischof Braschi des Vergehens der Simulation schuldig gemacht hat. Zwar verleitet der Wortlaut des c.1379: „Wer ... eine Sakramentenspendung vortäuscht" zu dieser Auffassung, dass offensichtlich nur der Spender der vorgetäuschten sakramentalen Handlung, also Bischof Braschi, unter die angedrohte Strafnorm fallen kann. So einfach ist die Sachlage aber keineswegs. Denn bei den Canones über die einzelnen Straftatbestände sind stets auch die allgemeinen Bestimmungen des kirchlichen Strafrechts (cc. 1311–1363) zu beachten. Und diese legen hinsichtlich des Täterkreises einer Straftat fest, dass auch gewisse Formen der *Beteiligung an dem Verbrechen* strafbar sind. Fasst man den komplizierten Wortlaut der entsprechenden Strafnorm über die Tatbeteiligung (c. 1329[230]) zusammen, so gibt es zwei Arten der Tatbeteiligung, die strafrechtlich geahndet werden: die Tatbeteiligung durch gemeinsame Planung der Straftat (§1) und die Tatbeteiligung als direkte Mittäterschaft im Sinne eines Komplizen (§2).[231] Beide Arten der Tatbeteiligung können physisch oder moralisch geschehen, also durch Teilnahme an der Tat selbst oder durch Beauftragung, Anstiftung oder Beihilfe zur Tat. Tatbeteiligung in der Form der gemeinsamen Planung der Straftat kann nur mit einer Spruchstrafe, nie aber mit einer Tatstrafe belegt werden; nur bei einer Tatbeteiligung als Komplize kann man sich die gleiche Tatstrafe wie der Täter zuziehen, allerdings nur unter der Voraussetzung, dass ohne die Mittäterschaft die Straftat nicht begangen worden wäre, also nur, wenn die Tatbeteiligung als Mittäter ein oder der entscheidende Grund für das Begehen der Straftat war. War aber die Tatbeteiligung nicht (mit)ursächlich, sondern lediglich ein nicht unerlässliches Motiv für die Straftat, dann kann der Tatbeteiligte wiederum nur mit einer Spruchstrafe belegt werden.

Auf den vorliegenden Fall der Simulation der Weihehandlung angewandt, heißt das: Die „geweihten Priesterinnen" sind Tatbeteiligte an der vorgetäuschten Weihehandlung im doppelten Sinn gewesen. Denn zum einen erfüllen sie durch ihre langfristige Vorbereitung der Weiheaktion eindeutig das Kriterium der Mitwirkung „durch gemeinsame Planung" (c. 1329 §1) und sind bereits deshalb der gleichen Strafe unterworfen wie Bischof Braschi als Täter. Zwar hätte für diese Form der Tatbeteiligung auch eine andere Strafe derselben oder geringeren Schwere als die Strafe des Haupttäters festgelegt werden können, doch hat die Glaubenskongregation von dieser Möglichkeit keinen Gebrauch gemacht. Zum zweiten waren sie Mittäterinnen im Sinne von wesentlichen bzw. unentbehrlichen Tatbeteiligten (c. 1329 §2), da ohne sie als die Empfängerinnen der Weihe das Tun des Spenders ins Leere getroffen hätte. Wäre das Vergehen der Simulation mit einer Tatstrafe belegt, hätte diese Strafandrohung auch für die Frauen als wesentliche Tatbeteiligte gegolten. Da aber für die Simulation eine Spruchstrafe angedroht wird, können die Frauen ebenfalls nur mit einer Spruchstrafe belegt werden. Festzuhalten ist also: Die ausgesprochene Strafandrohung trifft sowohl den „weihenden" Bischof wie auch die Frauen, die wissentlich und willentlich die Weihehandlung vorbereitet und sich als Empfängerinnen für diese „Weihe" zur Verfügung gestellt haben.

- Dazu kommt ein zweiter Sachverhalt: Der „weihende" Bischof gehört offensichtlich einer schismatischen Gemeinschaft an. Auch das Schisma (= Bruch mit der kirchlichen Einheit bzw. Verweigerung der Unterordnung unter den Papst oder der Gemeinschaft mit den diesem untergebenen Gliedern der Kirche; vgl. c.751) ist ein kirchlicher Straftatbestand. Nach c.1364 steht hierauf die Tatstrafe der Exkommunikation. Sie zieht sich jeder und jede mit Begehen der Tat zu, der bzw. die eine schismatische Gemeinschaft gründet oder sich ihr anschließt. Die Weihe ist als ein Sich-Anschließen zu verstehen. Wer sich also *wissentlich* von einem Bischof einer schismatischen Gemeinschaft weihen lässt, zieht sich die Tatstrafe der Exkommunikation zu.[232] Dieser Strafeintritt ist unabhängig davon, ob die Weihespendung dieses Bischofs nach katholischem Verständnis gültig ist oder nicht; unabdingbare Voraussetzungen für die Gültigkeit der Weihespendung sind zum einen, dass dieser Bischof selbst gültig geweiht ist (c.1012), und zum anderen, dass die zu weihende Person die Gültigkeitsbedingungen des c.1024 erfüllt, also getauft und männlichen Geschlechts ist.

Dass sich die Glaubenskongregation um der Glaubwürdigkeit der Kirche willen auf die vorgenommene Art und Weise von dem Vorgehen der Frauen und des Bischofs distanziert, ist sinnvoll und notwendig. Allerdings bestehen große Bedenken, ob das vorliegende Schreiben das leistet, was es will, nämlich „das Gewissen der Gläubigen zu orientieren und jeden Zweifel in dieser Angelegenheit zu beseitigen." Dazu ist es rechtlich zu unklar und unpräzise, wie an den folgenden Beanstandungen deutlich gemacht werden kann:

1. Es handelt sich um ein *Dekret,* das eine Strafe androht (vgl. c.1319). Warum wird es stattdessen mit *„Erklärung (Monitum)"* betitelt?[233]
2. Die beiden Straftatbestände der Simulation und des Schismas werden miteinander vermischt, statt klar voneinander abgegrenzt und erläutert.

3. Der entscheidende rechtliche Ausgangspunkt sowohl für das Apostolische Schreiben „Ordinatio sacerdotalis" wie auch für den Vorwurf der Simulation wird nicht genannt, geschweige denn zitiert. Es ist c.1024:

   „Die heilige Weihe empfängt gültig nur ein getaufter Mann."

   Dieser Wortlaut kann nicht oft genug ins Bewusstsein gehoben werden, da er immer wieder tendenziell verkürzt oder erweitert wiedergegeben wird. Einerseits wird nicht selten die hier normierte (Un-)Gültigkeit zu einer (Un-)Erlaubtheit reduziert, andererseits wird oft eine „göttliche Weisung" bzw. ein „göttliches Recht" geltend gemacht, für die bzw. das es an dieser Stelle keinerlei Hinweise gibt.[234]

4. Der Straftatbestand der Simulation wird rechtlich nicht belegt. Hier fehlt der Verweis auf c.1379.[235] Wenn ferner „ein schweres Vergehen gegen die Einheit der Kirche" geltend gemacht wird, dann muss auch auf die entsprechende Bestimmung des c.1364[236] hingewiesen werden.

5. Der Verweis auf c.1347 §1[237] in Verbindung mit der Formulierung, dass sich die betroffenen Personen die Exkommunikation „zuziehen", ist nicht stimmig. Denn die Formulierung „sich ... zuziehen" ist Terminus technicus für eine Tatstrafe, c.1347 §1 handelt aber über das Verhängen einer Spruchstrafe.[238]

6. Statt (nur) auf c.1347 §1 zu verweisen, hätte (auch) c.1341[239] genannt werden sollen.

7. Der Straftatbestand der Simulation gemäß c.1379 sieht eine Spruchstrafe vor, in dem „Monitum" wird aber die Exkommunikation als Tatstrafe angedroht (vgl. die Formulierung „sich ... zuziehen"). Das steht in Widerspruch zu c.1314.[240]

8. Es wird nirgends gesagt, dass die vorgesehene Strafe für die Simulation nicht nur die Frauen,[241] sondern erst recht auch den weihenden „Bischof" trifft. In diesem Zusammenhang hätte dann erklärt werden müssen, dass Bischof Braschi bereits wegen des Straftatbestandes des Schismas exkommuniziert ist und deshalb nicht (mehr) mit der Exkommunikation wegen des Straftatbestandes der Simulation bestraft wird, weil ein und dieselbe Person nicht mehrfach exkommuniziert werden kann. Und im Anschluss daran hätte *amtlich* festgestellt werden müssen, dass sich Bischof Braschi infolge des Schismas die Tatstrafe der Exkommunikation zugezogen hat.

Mit ihrem „Monitum" genannten Schreiben hatte die Glaubenskongregation zwei Ziele verfolgt: zum einen die Klarstellung und Gewissensorientierung der Gläubigen; zum zweiten die Umkehr der Frauen, indem sie die Nichtigkeit ihrer Weihe anerkennen, Reue zeigen und um Verzeihung bitten. Ob das erste Ziel erreicht worden ist, wird sich nur schwer feststellen lassen, und wenn, dann wohl erst zu einem späteren Zeitpunkt. Das zweite Ziel ist auf jeden Fall verfehlt worden. Denn die Frauen zeigten nicht die gewünschte Reaktion der Umkehr, sondern wendeten sich am letzten Tag der eingeräumten Frist in einem Schreiben an die Glaubenskongregation, das eine Beschwerde (recursus) und einen Antrag (petitio) enthielt.[242] Bei der Beschwerde beriefen sie sich formal auf das Rechtsinstitut der „Beschwerde gegen Verwaltungsdekrete" gemäß cc. 1732–1739, beantragten aber nicht, wie dort vorgeschrieben (c. 1734), die Rücknahme oder Abänderung des Dekrets, sondern wiesen einfach die Androhung der Exkommunikation zurück. Im unmittelbaren Anschluss daran folgte dann ein Antrag auf Abänderung des c. 1024, mit der aus Gründen der Gleichberechtigung auch den Frauen der Empfang des Weihesakraments ermöglicht werden soll. Der entscheidende Passus des Schreibens lautet:

> „Wir Frauen wehren uns gegen die Androhung der Exkommunikation, denn wir haben keine Tat begangen, die die Beugestrafe der Exkommunikation rechtfertigen würde.
> Begründung: Die Priesterinnenweihe wurde mit der Kraft des Heiligen Geistes durch die Handauflegung eines in der apostolischen Sukzession stehenden Bischofs sakramental gültig nach römisch-katholischem Ritus gespendet.
>
> Mit der Petitio stellen wir den Antrag auf Veränderung eines Wortes im Canon 1024 CIC: Wir beantragen, dass die Priesterinnenweihe auch kirchenrechtlich anerkannt wird und dass der Canon 1024 CIC: ‚Die heilige Weihe empfängt gültig nur ein getaufter Mann' verändert wird in: ‚Die heilige Weihe empfängt gültig nur ein getaufter Mensch.'
> Begründung: Die Gleichberechtigung der Frau ist in allen Ländern der Welt festgeschrieben. Diskriminierungen von Personen auf Grund ihres Geschlechtes sind weltweit verboten und widersprechen dem christlichen Glaubensverständnis (vergl. II. Vatikanisches Konzil: LG Nr. 32; GS Nr. 29)."[243]

Diese Ausführungen werden im Folgenden des Schreibens noch ausführlich erläutert. Aus kirchenrechtlicher Sicht sind vor allem drei Aspekte hervorzuheben:

Erstens werden die klar vorhandenen Straftatbestände der Simulation der Spendung des Weihesakraments (c.1379) und des Schismas (c.1364) schlichtweg ignoriert bzw. ohne stichhaltige Gründe hinweg geredet. Zweitens wird die Gültigkeit der Weihe behauptet, obwohl aus c.1024 eindeutig hervorgeht, dass eine Frau nicht gültig geweiht werden kann; dies gilt unabhängig davon, ob die Weihe nach römisch-katholischem Ritus erfolgt ist oder nicht. Drittens wird die Diskussion um die Priesterweihe von Frauen auf die Gleichberechtigungsfrage reduziert.[244]

b) Feststellung der Exkommunikation – strafrechtliche Beschwerde der Frauen

Einige Tage nach Ablauf der gesetzten, aber nicht zur Umkehr genutzten Frist machte die Glaubenskongregation ihre Androhung wahr und erließ am 5. August 2002 folgendes Dekret:

„Vorbemerkung zum Dekret zur Feststellung der Exkommunikation
Um jeglichen Zweifel zu beseitigen hinsichtlich des kanonischen Status von Bischof Romulo Antonio Braschi, der versucht hat, katholischen Frauen die Priesterweihe zu erteilen, hält es die Kongregation für die Glaubenslehre für angemessen, darauf aufmerksam zu machen und zu bestätigen, dass sich der Genannte, da Schismatiker, bereits zuvor schon die dem Apostolischen Stuhl vorbehaltene Exkommunikation zugezogen hatte.

Dekret zur Feststellung der Exkommunikation
Da die Frauen [es folgen die sieben Namen wie oben] auf das Monitum dieser Kongregation vom vergangenen 10. Juli, das am darauf folgenden Tag veröffentlicht wurde, bis zum festgesetzten Zeitpunkt, dem 22. Juli 2002, keine Zeichen der Reue und Umkehr für das von ihnen begangene schwerwiegende Vergehen gezeigt haben, verhängt dieses Dikasterium über die genannten Frauen gemäß dem Monitum die dem Apostolischen Stuhl vorbehaltene Exkommunikation mit allen in can.1331 CIC festgesetzten Rechtsfolgen.
In Erfüllung dieses gebotenen Einschreitens vertraut die Kongregation darauf, dass die Genannten, erleuchtet durch die Gnade des Heiligen Geistes, zur Einsicht gelangen und den Weg zurück finden zur Einheit im Glauben und zur Gemeinschaft mit der Kirche, die sie durch ihr Handeln verletzt haben.
Rom am Sitz der Kongregation für die Glaubenslehre, dem 5. August 2002
Joseph Card. Ratzinger, Präfekt
Tarcisio Bertone S.D.B.,
Erzbischof em. von Vercelli, Sekretär"[245]

Im Vergleich mit dem „Monitum" ist hier ein Defizit behoben: Die Rechtsunklarheit hinsichtlich Bischof Romulo Antonio Braschi wird beseitigt, indem klargestellt wird, dass er Schismatiker ist und als solcher sich die Tatstrafe der Exkommunikation zugezogen hat. Freilich hätte man sich gewünscht, dass dabei im Sinne der Rechtseindeutigkeit auf c.1364 i.V.m. c.751 verwiesen worden wäre. Allerdings wiegen zwei weitere kirchenrechtliche Unzulänglichkeiten in diesem Schreiben viel schwerer:

1. Den sieben Frauen wird nur allgemein ein „schwerwiegendes Vergehen" vorgeworfen, ohne dieses konkret zu benennen, geschweige denn auf die entsprechende Strafbestimmung zu verweisen. Ist damit das Schisma (c.1364) gemeint, das in der „Vorbemerkung" zu Recht bei dem Weihespender, Bischof Romulo Antonio Braschi, geltend gemacht wird? Oder ist es die Simulation der Weihespendung (c.1379), der sich die Frauen als Weiheempfängerinnen im Sinne der Mittäterschaft des c.1329 schuldig gemacht haben? Oder soll hier gar die Notstandsbestimmung c.1399 geltend gemacht werden, die wie folgt lautet:

   „Außer den Fällen, die in diesem oder in anderen Gesetzen geregelt sind, kann die äußere Verletzung eines göttlichen oder eines kanonischen Gesetzes nur dann mit einer gerechten Strafe belegt werden, wenn die besondere Schwere der Rechtsverletzung eine Bestrafung fordert und die Notwendigkeit drängt, Ärgernissen zuvorzukommen oder sie zu beheben"?[246]

2. Die strafrechtliche Fachterminologie hinsichtlich einer Tatstrafe und Spruchstrafe ist wie im „Monitum" wiederum nicht beachtet. Die Formulierung „Feststellung der Exkommunikation" wie auch der Satzteil: „ ... dass sich der Genannte ... die dem Apostolischen Stuhl vorbehaltene Exkommunikation zugezogen hatte ..." weist auf die Tatstrafe hin, doch die Ausdrucksweise: „verhängt dieses Dikasterium ... die ... Exkommunikation" steht für die Spruchstrafe als der Regelform der kirchlichen Strafweise.

Als Reaktion auf dieses Dekret griffen die Frauen erneut zum kirchenrechtlichen Instrument der „Beschwerde gegen Verwaltungsdekrete" (cc.1732–1739) und hielten diesmal auch den dafür festgelegten Verfahrensweg ein. Sie stellten zunächst am 14. August 2002 einen schriftlichen Antrag an die Glaubenskongregation auf Rücknahme des

Dekrets zur Feststellung der Exkommunikation und zugleich auf Beiordnung eines im Kirchenrecht kundigen Anwalts für das weitere Verfahren.[247] Nachdem die Glaubenskongregation in der vom Recht vorgesehenen Frist von 30 Tagen auf den Antrag nicht geantwortet hatte, legten die Frauen schließlich am 18. bzw. 27. September 2002[248] bei der Glaubenskongregation schriftliche Beschwerde gegen das genannte Dekret zur Feststellung der Exkommunikation ein.[249] Inhaltlich wird in beiden Schreiben im Wesentlichen das wiederholt, was bereits im Schreiben vom 22. Juli 2002 dargelegt worden ist: Es wird die Priesterinnenweihe als Ausfluss der Gleichberechtigung der Frau gefordert, die Straftatbestände der Simulation und des Schismas geleugnet und die Gültigkeit der vollzogenen Weihe behauptet. Verfahrensmäßig und sachlich sind hier folgende Punkte der beiden Schreiben kirchenrechtlich relevant:

- *Antrag an die Glaubenskongregation auf Rücknahme des Dekrets der Feststellung der Exkommunikation. – Dieser Antrag entspricht c.1734 §1:*

  „Bevor jemand Beschwerde einlegt, muss er die Rücknahme oder Abänderung des Dekretes bei dem beantragen, der es erlassen hat; durch die Einreichung des Antrages gilt ohne weiteres auch die Aussetzung des Vollzugs beantragt."

- *Antrag auf Beiordnung eines Anwalts.* – Das Beiziehen eines Anwalts ist problemlos, allerdings ist in unserem Zusammenhang nicht auf c.1481 §2 Bezug zu nehmen, demzufolge in einem Strafverfahren jede angeklagte Person nicht nur einen Anwalt haben kann, sondern sogar muss. Denn die Strafe der Exkommunikation ist nicht im Rahmen eines gerichtlichen Strafverfahrens angedroht bzw. festgestellt worden, sondern auf dem Verwaltungsweg per Dekret, sodass hier c.1738 geltend zu machen ist, wonach die Person, die gegen ein Verwaltungs(straf)dekret Beschwerde führt, das Recht hat, einen Anwalt oder Bevollmächtigten beizuziehen.

- *Vorwurf, c.1509 CIC nicht eingehalten zu haben, der eine ordnungsgemäße Bekanntgabe eines Dekrets per „Post oder auf eine andere äußerst sichere Weise" vorschreibt; denn den Frauen sei das Dekret nur durch die Presse und durch einen vor einer Zimmertür einer der Frauen abgelegten Brief ohne Absender bekannt geworden.* – C.1509 steht im Kontext der Streitverfahren in der Kirche und regelt die Form der Bekanntgabe von Ladungen, Dekreten, Urteilen und anderen Gerichtsakten. Streitverfahren sind ein eigenes Rechtsgebiet mit eigenen Regelungen, die nicht einfach auf andere Rechtsbereiche (im vorliegenden Fall: Beschwerde über ein Strafdekret) übertragen werden können, was auch in umgekehrter Richtung gilt. Daher kann c. 1509 für den Rechtsbereich der Verwaltungsbeschwerden nicht in Anspruch genommen werden.

■ *Abstreiten, das „schwerwiegende Vergehen" begangen zu haben, da ihre Weihe aufgrund des ordnungsgemäßen Vollzugs durch einen gültig geweihten Bischof gültig sei.* – Die Weihe der Frauen ist ungültig, weil sie nach c. 1024 wegen des weiblichen Geschlechts ungültig ist, sodass die Frage nach dem gültig geweihten Spender und dem ordnungsgemäßen Vollzug der Weihe hier irrelevant sind. Die Weihe der Frauen erfüllt somit auf jeden Fall den Straftatbestand der Simulation bzw. der Vortäuschung einer Sakramentenspendung (c. 1379).

■ *Nichtbeachtung des c. 50, wonach vor dem Erlass eines Dekretes notwendige Erkundigungen und Beweismittel einzuholen sind und nach Möglichkeit diejenigen zu hören sind, deren Rechte verletzt werden könnten.* – C. 50 ist eine Bestimmung aus dem Bereich „Allgemeine Normen" und gilt daher für alle Rechtsbereiche. Allerdings waren für den Vorwurf des rechtswidrigen Verhaltens an die sieben geweihten Frauen keine (weiteren) Erkundigungen oder Beweismittel gemäß c. 50 notwendig, da ihre Weihehandlung durch öffentliche Medien klar und eindeutig dokumentiert ist.

■ *Verstoß gegen die Anhörungspflicht des von einem Strafdekret Betroffenen gemäß cc. 50 und 1733 § 1 CIC.* – In beiden Rechtsbestimmungen ist von keiner Rechtspflicht die Rede, sondern davon, dass „nach Möglichkeit" eine Anhörung der vom Dekret Betroffenen stattfinden soll (c. 50) bzw. davon, dass es

> „sehr zu wünschen [ist], dass zwischen dem, der sich durch ein Dekret beschwert fühlt, und dem, der das Dekret erlassen hat, ein Rechtsstreit vermieden wird und dass zwischen ihnen in gemeinsamer Überlegung für eine billige Lösung Sorge getragen wird" (c. 1733 § 1).

■ *Beschwerdeschreiben an den Präfekten der Kongregation für die Glaubenslehre.* – Dieser Beschwerde war der verfahrensrechtlichen Vorschrift des c. 1734 entsprechend der Antrag auf Rücknahme des Strafdekrets vom 14. 8. 2002 an die Glaubenskongregation vorausgegangen. Damit war zugleich der Vollzug (= die rechtliche Wirkung) des Strafdekrets ausgesetzt, und zwar bis zum Erlass eines neuen Dekretes oder nach Ablauf von 30 Tagen, falls kein neues Dekret erfolgt (c. 1735). Da die Glaubenskongregation kein neues Dekret erlassen hatte, hatten die Frauen das Recht, nach Ablauf der genannten 30 Tage innerhalb einer Frist von 15 Tagen Beschwerde einzulegen (c. 1737 §1 und §2). Von diesem Recht der Beschwerde haben sie auch Gebrauch gemacht. Gemäß c. 1737 §1 ist die schriftlich eingereichte Beschwerde an den „hierarchischen Oberen" weiterzuleiten, der das besagte Dekret nicht nur „bestätigen oder für nichtig erklären, sondern auch gänzlich aufheben, widerrufen oder, sofern dies dem Oberen zweckdienlich erscheint, verbessern, ersetzen oder teilweise aufheben" kann (c. 1739). Und wer ist der „hierarchische Obere" der Glaubenskongregation? Gemäß c. 1445 §2 ist dies der Gerichtshof der Apostolischen Signatur;

denn dieses Gericht urteilt u. a. „über Rechtsstreitigkeiten, die aufgrund einer Maßnahme kirchlicher ausführender Gewalt entstanden und rechtmäßig an die Apostolische Signatur gelangt sind" (c. 1445 §2).

Noch genauer gibt die Apostolische Konstitution über die Römische Kurie „Pastor bonus"[250] in Art. 123 §1 diesbezüglich Auskunft:

Die Apostolische Signatur entscheidet auch „über Beschwerden, die innerhalb der Nutzfrist von dreißig Tagen eingelegt worden sind und die sich gegen einzelne Verwaltungsakte richten, die entweder von Dikasterien der Römischen Kurie gesetzt oder von diesen gebilligt wurden, und zwar jedesmal dann, wenn fraglich ist, ob der beanstandete Akt, als er gesetzt oder ausgeführt wurde, irgendein Gesetz verletzt hat."

■ *Berufung auf Verteidigung ihrer Rechte „nach Maßgabe des Rechts vor der zuständigen kirchlichen Behörde" (c. 221 §1).* – Die Frauen verbinden mit c. 221 §1 vermutlich den Rechtsanspruch auf ein Gerichtsverfahren, jedenfalls ist in diesem Zusammenhang davon die Rede, dass sie „nunmehr ein geordnetes Verfahren" beantragen, nachdem sie die Dekrete der Strafandrohung und Feststellung der Exkommunikation „aus inhaltlichen und formalen Gründen zurückgewiesen" haben. Demgegenüber ist festzuhalten, dass bei Maßnahmen, die nicht auf dem Gerichtsweg, sondern auf dem Verwaltungsweg erlassen werden, wie es bei den Dekreten der Glaubenskongregation der Fall war, das Grundrecht auf Verteidigung der eigenen Rechte gemäß c. 221 § 1 nur mittels des Rechtsinstituts der Beschwerde gemäß cc. 1732–1739 wahrgenommen werden kann, was die Frauen ja auch getan haben. Wird diese Beschwerde rechtmäßig abgelehnt, gibt es keinen Rechtsanspruch auf ein weiteres Verfahren irgendwelcher Art.

c) Ablehnung der Beschwerde einschließlich Bestätigung der Exkommunikation – Verweigerung der Beachtung seitens der Frauen und „Bischöfinnenweihe"

Große Spannung darüber, wie die Entscheidung über die eingereichte Beschwerde ausfallen wird, herrschte wohl weder bei den AkteurInnen noch bei den BeobachterInnen des Geschehens. Dazu war und ist die Sachlage zu eindeutig; und deshalb dürfte wohl niemand ernsthaft mit einer Abänderung oder Rücknahme des Strafdekretes gerechnet haben. Sie erfolgte auch tatsächlich nicht. Überraschend hingegen war aber die Ausführlichkeit der Darlegungen im Antwort-Dekret der Glaubenskongregation: Nach einer längeren Zusammenfassung des bisher Geschehenen wird äußerst knapp zur eingereichten Beschwerde Stellung genommen, um im Anschluss daran „einige grundlegende Punkte noch einmal zu bekräftigen", wie es in dem Schreiben heißt, das folgenden Wortlaut hat:

„Kongregation für die Glaubenslehre

Dekret
Am 29. Juni 2002 hat der Gründer einer schismatischen Gemeinschaft namens Romulo Antonio Braschi versucht, den katholischen Frauen Christine Mayr-Lumetzberger, Adelinde Theresia Roitinger, Gisela Forster, Iris Müller, Ida Raming, Pia Brunner und Dagmar Braun Celeste, die unter dem Namen Angela White auftrat, die Priesterweihe zu erteilen.
Im Anschluss an die vorausgehenden Stellungnahmen des Bischofs von Linz und der Österreichischen Bischofskonferenz veröffentlichte die Kongregation für die Glaubenslehre am 10. Juli 2002 eine Erklärung, in der sie die genannten Personen verwarnte, dass sie mit der Exkommunikation bestraft würden, wenn sie nicht bis zum 22. Juli 2002 die Nichtigkeit der empfangenen ‚Weihe' anerkennen und für das bei den Gläubigen verursachte Ärgernis um Verzeihung bitten. Weil diese kein Zeichen der Reue zeigten, bestätigte die Kongregation mit Dekret vom 5. August 2002, dass der ‚weihende' Bischof, da Schismatiker, bereits zuvor exkommuniziert war, und verhängte über die oben erwähnten Personen die dem Heiligen Stuhl vorbehaltene Exkommunikation; zugleich brachte sie ihre Hoffnung zum Ausdruck, dass diese den Weg der Umkehr finden.

4 Für immer vom Weihesakrament ausgeschlossen?

Die betroffenen Personen veröffentlichten daraufhin Briefe und Interviews, in denen sie sich von der Gültigkeit der empfangenen ‚Weihe' überzeugt erklärten. Sie verlangten eine Änderung der endgültigen Lehre, gemäß der die Priesterweihe ausschließlich Männern vorbehalten ist, und bekräftigten, dass sie die ‚Messe' und andere ‚Sakramente' für kleine Gruppen feiern. Mit Schreiben vom 14. August 2002 beantragten sie die Abänderung des Exkommunikationsdekretes, und mit Schreiben vom 27. September 2002 legten sie mit Hinweis auf die cann. 1732–1739 CIC Beschwerde gegen das genannte Dekret ein. Am 21. Oktober 2002 wurde ihnen mitgeteilt, dass ihre Anfragen den zuständigen Instanzen vorgelegt würden. Der Antrag auf Abänderung des Dekrets sowie der Rekurs wurden am 4. und 18. Dezember 2002 von der Ordentlichen Versammlung der Kongregation geprüft. An den Sitzungen nahmen die in Rom ansässigen Mitglieder der Kongregation teil, nämlich die Kardinäle Joseph Ratzinger, Alfonso López Trujillo, Ignace Moussa I. Daoud, Giovanni Battista Re, Francis Arinze, Jozef Tomko, Achille Silvestrini, Jorge Medina Estévez, James Francis Stafford, Zenon Grocholewski, Walter Kasper, Crescenzio Sepe und Mario Francesco Pompedda sowie die Bischöfe Tarcisio Bertone SDB und Rino Fisichella. Bei diesen Zusammenkünften wurde kollegial entschieden, den genannten Rekurs zurückzuweisen. In der Angelegenheit ist nämlich eine hierarchische Beschwerde nicht zulässig, weil das Exkommunikationsdekret von einem Dikasterium des Heiligen Stuhles ausgestellt wurde, das im Namen des Papstes handelt (vgl. can. 360 CIC). Um jeden Zweifel in der Sache zu beseitigen, hielten es die Mitglieder der Kongregation für notwendig, einige grundlegende Punkte noch einmal zu bekräftigen.

1. Klar festzuhalten ist, dass es sich bei dem vorliegenden Fall nicht um eine Tatstrafe handelt, die durch das Begehen einer vom Gesetz ausdrücklich festgelegten Straftat eintritt, sondern um eine Spruchstrafe, die nach der gebotenen Verwarnung der Täter verhängt wurde (vgl. cann. 1314; 1347 §1 CIC). Gemäß can. 1319 §1 CIC hat diese Kongregation die Vollmacht, durch Verwaltungsbefehl bestimmte Strafen anzudrohen.

2. Die besondere Schwere der vorgenommenen Handlungen ist offenkundig und weist verschiedene Aspekte auf.

a) Der erste Aspekt ist schismatischer Natur: Die genannten Frauen ließen sich von einem schismatischen Bischof ‚weihen' und traten, ohne sich formell seinem Schisma anzuschließen, in eine Mittäterschaft mit dem Schisma.

b) Der zweite Aspekt ist lehrmäßiger Natur: Sie leugnen formell und hartnäckig die Lehre, die von der Kirche immer gelehrt und gelebt und von Johannes Paul II. in endgültiger Weise vorgelegt wurde, dass nämlich ‚die Kirche keinerlei Vollmacht hat, Frauen die Priesterweihe zu spenden' (Apostolisches Schreiben *Ordinatio sacerdotalis*, Nr. 4). Die Leugnung dieser Lehre ist als Ablehnung einer Wahrheit, die zum katholischen Glauben gehört, zu qualifizieren und verdient deshalb eine gerechte Strafe (vgl. can. 750 §2; 1371 1° CIC; Johannes Paul II., Apostolisches Schreiben *Ad tuendam fidem*, Nr. 4a).

Indem die betroffenen Personen diese Lehre ablehnten, behaupteten sie darüber hinaus, dass das päpstliche Lehramt nur verbindlich sei, wenn es auf einer Entscheidung des Bischofskollegiums basiere, vom *sensus fidelium* getragen sei und von maßgebenden Theologen angenommen werde. Auf diese Weise widersprechen sie der Lehre über das Lehramt des Nachfolgers Petri, die vom Ersten und vom Zweiten Vatikanischen Konzil vorgelegt wurde, und anerkennen faktisch nicht die Unabänderlichkeit der Äußerungen des Papstes über Lehren, die in endgültiger Weise von allen Gläubigen zu halten sind.

3. Die Weigerung, dem von der Kongregation angedrohten Strafbefehl nachzukommen, wird dadurch erschwert, dass einige der genannten Personen dabei sind, Gruppen von Gläubigen zu bilden – in offenem und faktisch sektiererischem Ungehorsam gegenüber dem Papst und den Diözesanbischöfen. Wegen der Schwere dieser Widersetzlichkeit (vgl. can. 1347 CIC) ist die verhängte Strafe nicht nur gerecht, sondern auch notwendig, um die rechte Lehre zu verteidigen, die Gemeinschaft und die Einheit der Kirche zu wahren und das Gewissen der Gläubigen zu orientieren.

4. Die oben erwähnten Mitglieder der Kongregation für die Glaubenslehre bekräftigen deshalb das Exkommunikationsdekret, das am 5. August 2002 ausgestellt wurde, und stellen noch einmal klar, dass die versuchte Priesterweihe der genannten Frauen nichtig und ungültig ist (vgl. can. 1024 CIC) und deshalb auch die dem priesterlichen Amt eigenen Handlungen, die von ihnen vorgenommen wurden, nichtig und ungültig sind (vgl. cann. 124; 841 CIC). Als Folge der Exkommunikation ist ihnen untersagt, Sakramente oder Sakramentalien zu spenden, Sakramente zu empfangen und irgendeine Funktion in kirchlichen Ämtern, Diensten oder Aufgaben auszuüben (vgl. can. 1331 §1 CIC).

5. Zugleich bringt die Kongregation erneut ihre Hoffnung zum Ausdruck, dass die betroffenen Personen, erleuchtet durch die Gnade des Heiligen Geistes, den Weg der Umkehr zur Einheit im Glauben und zur Gemeinschaft mit der Kirche finden, die sie durch ihr Handeln verletzt haben.

Papst Johannes Paul II. hat das vorliegende Dekret, das in der Ordentlichen Versammlung dieser Kongregation beschlossen worden war, in der dem unterzeichneten Kardinalpräfekten am 20. Dezember 2002 gewährten Audienz gebilligt, die Nr. 4 in forma specifica approbiert und die Veröffentlichung des Dekrets angeordnet.

Rom, am Sitz der Kongregation für die Glaubenslehre, dem 21. Dezember 2002.
Joseph Card. Ratzinger
Präfekt
Tarcisio Bertone, S.D.B
Ernannter Erzbischof von Genua
Sekretär"[251]

Auf den ersten Blick erfreulich im Sinne der Rechtsklarheit ist die unmissverständliche Aussage, dass die Exkommunikation nicht als Tatstrafe angedroht und festgestellt, sondern als Spruchstrafe verhängt wurde. Auf den zweiten Blick relativiert sich diese Eindeutigkeit aber zu einer rechtlich unvollständigen und insofern falschen Aussage, wie im Zusammenhang mit weiteren rechtlichen Beanstandungen aufgezeigt werden wird. Im Vergleich zu den zwei vorausgehenden Dekreten in dieser Angelegenheit fallen vor allem zwei Dinge besonders auf:

- *In formaler Hinsicht:* Das Dekret ist vom Papst „gebilligt, die Nr. 4 in forma specifica approbiert und die Veröffentlichung des Dekrets angeordnet." – Gemäß Art. 18 Abs. 1 der Apostolischen Konstitution über die Römische Kurie „Pastor bonus" müssen dem Papst „Entscheidungen von schwerwiegenderer Bedeutung zur Genehmigung [= Approbatio; Billigung] vorgelegt werden." Warum darüber hinaus noch einmal ein spezieller Teil des Schreibens, die Nr. 4, in besonderer Form gebilligt worden ist, mutet überflüssig und zugleich seltsam an. Denn die besondere Genehmigung (= approbatio (in forma) specifica) durch den Papst ist gemäß Art. 18 Abs. 2 „Pastor bonus" nur vorgesehen, wenn eine Behörde der Römischen Kurie wie z.b. die Glaubenskongregation in einer Entscheidung ausnahmsweise Gesetze, allgemeine Dekrete oder Abänderungen des universalen Rechts erlässt; das vorliegende Schreiben der Glaubenskongregation erfüllt aber keines der genannten Kriterien, da es augenscheinlich weder ein Gesetz noch eine Abänderung eines universalen Rechts ist, aber auch kein allgemeines Dekret, sondern ein Dekret für den Einzelfall, wie aus c. 49 [252] klar hervorgeht. Für ein Einzelfall-Dekret ist aber keine approbatio in forma specifica vorgesehen, und zwar aus dem einfachen Grund, weil mit einem Dekret für den Einzelfall niemals ein Gesetzgebungsakt verbunden werden kann; dies ist nur – und dann auch nur ausnahmsweise – bei allgemeinen Dekreten möglich. Sinn und Zweck einer besonderen Approbation durch den Papst ist es nämlich, dass ausnahmsweise aus einem Verwaltungsakt der Römischen Kurie ein „Akt der päpstlichen Gesetzgebung [wird], der allerdings die äußere Form eines Verwaltungsaktes beibehält."[253] Wahrscheinlich kam es der Glaubenskongregation vor allem auf die rechtliche Wirkung der Approbation in *forma specifica* an. Bleibt nämlich bei der einfachen bzw. gewöhnlichen Approbation das Approbierte in der Verantwortung jenes Organs, das den Akt gesetzt hat (hier: die Glaubenskongregation), wird es bei der besonderen Approbation seiner Kompetenz entzogen und zu einem Akt der Autorität, die die besondere Approbation erteilt (hier: der Papst) mit der Rechtsfolge, dass nur noch diese Autorität das Approbierte widerrufen oder abändern kann. „Überdies bedeutet diese Form der Bestätigung, dass vom untergeordneten Organ etwa fehlerhaft gesetzte Akte saniert werden, soweit dem Bestätigenden der genaue Sachverhalt und die Fehlerhaftigkeit bekannt sind."[254] Der Akt der besonderen Billigung durch den Papst bewirkt also, dass die Nr. 4 des Dekretes der Glaubenskongregation gleichsam zu einem Text des Papstes wird; das wiederum zieht die Rechtsfolge nach sich, dass dagegen keine Beschwerde eingelegt werden kann, da c.333 §3 explizit festlegt:

„Gegen ein Urteil oder ein Dekret des Papstes gibt es weder Berufung noch Beschwerde."

Man kann sich nur schwerlich des Eindruckes erwehren, dass hier ein Paradebeispiel vorliegt für die unlängst allgemein geäußerte Vermutung: „Es hat somit den Anschein, als ob diese Form der Bestätigung mitunter einfach dazu benützt wird, irgendeiner Verlautbarung besonderes Gewicht zu verleihen, ohne dass sich dies aber vom Inhalt der geregelten Materie her als zwingend ergeben würde. ... [Das] ist auch insofern bedenklich als diese besondere Approbation ... bisweilen auch als rechtsformalistisches Druckmittel instrumentalisiert werden kann, um das Ergreifen eines ansonsten möglichen Rechtsmittels gegen Entscheidungen Römischer Kongregationen zu unterbinden. Die ‚approbatio in forma specifica‘ sollte als wirklich außerordentliche Maßnahme nur bei entsprechender Notwendigkeit, worunter auch gebotene Zurückhaltung zu verstehen ist, zur Anwendung kommen ... . "[255]

■ *In materieller Hinsicht:* In dem Dekret wird ein neuer Strafvorwurf geltend gemacht, nämlich das hartnäckige Leugnen der Lehre von „Ordinatio sacerdotalis", das auch nach der Verwarnung durch die Glaubenskongregation nicht widerrufen wurde. Nach c.1371 Nr.1, auf den auch verwiesen wird, soll ein solches hartnäckiges und nach Verwarnung nicht widerrufenes Leugnen mit einer gerechten Strafe belegt werden. Für die Glaubenskongregation ist die Exkommunikation in der Form der Spruchstrafe nicht nur die gerechte, sondern auch die notwendige Strafe, „um die rechte Lehre zu verteidigen, die Gemeinschaft und die Einheit der Kirche zu wahren und das Gewissen der Gläubigen zu orientieren." Angesichts dieses neuen Strafvorwurfes ist die Aussage, dass mit diesem Schreiben das Exkommunikationsdekret vom 5. August 2002 „bekräftigt" wird, zumindest nicht stimmig.

Wie schon in den beiden anderen Dekreten zur „Priesterinnenweihe" vom 10.7. und 5.8.2002 sind auch im Dekret vom 21.12.2002 einige bzw. weitere kirchenrechtliche Mängel enthalten:

- Da betont wird, dass die Exkommunikation als Spruchstrafe verhängt worden ist, hätte nach c.1720 n.1 den Beschuldigten die Möglichkeit zur Verteidigung eingeräumt werden müssen. Das ist aber nicht geschehen und daher eindeutig eine Rechtsverletzung. Zwar könnte die Glaubenskongregation geltend machen, dass sie insofern nicht an c.1720 gebunden ist, weil ihr nach Art. 52 „Pastor bonus" auch das Recht zukommt, nach „eigenem Recht" vorzugehen. In diesem Fall müsste allerdings dieses „eigene Recht" der Glaubenskongregation als ein Gesetz veröffentlicht sein (vgl. c.7), damit alle Gläubigen davon Kenntnis erhalten können. Ein solches Gesetz einer eigenen Verfahrensweise bei Strafdekreten auf dem Verwaltungsweg von Seiten der Glaubenskongregation existiert aber bisher nicht. Wenn sich daher die Glaubenskongregation auf Art. 52 „Pastor bonus" berufen sollte, wäre ihr eine Verletzung des Grundrechts gemäß c.221 §3 vorzuwerfen, in dem zugesichert wird:

„Die Gläubigen haben das Recht, dass kanonische Strafen über sie nur nach Maßgabe des Gesetzes verhängt werden."[256]

Somit hat also die Glaubenskongregation auf jeden Fall bei der Verhängung der Spruchstrafe ein Recht verletzt, entweder c.1720 oder c.221 §3. Allerdings haben die davon betroffenen Frauen keine rechtliche Möglichkeit, gegen diese oder jene Rechtsverletzung und damit gegen die Strafverhängung der Glaubenskongregation vorzugehen, da das Dekret in seiner entscheidenden Textpassage Nr.4 vom Papst in besonderer Form approbiert worden ist. Damit ist es durch keine kirchliche Instanz mehr überprüfbar, da es keine Instanz gibt, die den Papst richtet (vgl. c.333 §3).

- Rechtlich geradezu erschreckend ist die Erklärung, dass in dieser Angelegenheit von den Mitgliedern der Glaubenskongregation selbst „kollegial entschieden [wurde], den genannten Rekurs zurückzuweisen", da „eine hierarchische Beschwerde nicht zulässig

[sei], weil das Exkommunikationsdekret von einem Dikasterium des Heiligen Stuhles ausgestellt wurde, das im Namen des Papstes handelt (vgl. can.360)." Das Unterlassen, die Beschwerde gemäß c.1737 an die Apostolische Signatur weiterzuleiten, und die dafür gegebene Begründung stehen klar in Widerspruch zu dem oben – im Zusammenhang mit dem Beschwerdeschreiben der Frauen – erwähnten c.1445 §2 und Art. 123 §1 „Pastor bonus", wonach die Apostolische Signatur über Rechtsstreitigkeiten infolge von Verwaltungsmaßnahmen urteilt, auch wenn diese von der Glaubenskongregation stammen, wie explizit in Art. 123 §1 „Pastor bonus" ausgeführt wird.[257] Deshalb hätte sich auch die Apostolische Signatur diesbezüglich äußern müssen, wie sie „über die [eingereichte] Beschwerde befindet" (c.1739).[258]

- Der im Strafandrohungsdekret vom 10. Juli 2002 genannte Straftatbestand der Simulation der Sakramentenspendung der Weihe (c.1379) wird überhaupt nicht mehr erwähnt, obwohl er doch der erste und eigentliche Straftatbestand ist. Wie passt das zu dem erklärten Ziel der Glaubenskongregation, mit diesem Dekret „jeden Zweifel in der Sache zu beseitigen", indem „einige grundlegende Punkte noch einmal zu bekräftigen [sind]"?

- Da den Frauen – wohlgemerkt: als erstes – „eine Mittäterschaft mit dem Schisma" vorgeworfen wird, hätte in diesem Zusammenhang formal auf c.1364 i.V.m. c.1329 verwiesen werden müssen und inhaltlich herausgestellt werden müssen, dass sie sich damit die Tatstrafe der Exkommunikation zugezogen haben.[259] Damit ist natürlich die Erklärung, dass die Exkommunikation als Spruchstrafe verhängt worden ist, rechtlich falsch!

- Die Rechtsentzüge infolge der Exkommunikation werden nicht korrekt geschildert. Obwohl explizit auf c.1331 verwiesen wird, ist dessen Paraphrasierung unvollständig, da in dieser Rechtsbestimmung neben dem Verbot, Sakramente und Sakramentalien zu spenden sowie Sakramente zu empfangen, nicht nur die Ausübung von kirchlichen Ämtern, Aufgaben und Diensten untersagt ist, sondern auch von jeglichem liturgischen Dienst. Ganz zu schweigen davon, dass hier der Inhalt von §2 des c.1331 unberücksichtigt bleibt, wonach bei verhängter oder festgestellter Exkommunikation insofern eine Strafverschärfung eintritt, als der Täter von einer etwaigen

Ausübung der ihm verbotenen Handlungen, Dienste oder Ämter ferngehalten bzw. von der entsprechenden liturgischen Handlung abgesehen werden muss.[260]

■ Die vom Papst in „Ordinatio sacerdotalis" verkündete Lehre, dass „die Kirche keinerlei Vollmacht hat, Frauen die Priesterweihe zu spenden" ist in verbindlicher, aber nicht in letztverbindlicher bzw. unfehlbarer Form vorgelegt worden.[261] Daher ist sie nicht c.750 §2 zuzuordnen, der nur für unfehlbare Lehren in Anspruch genommen werden kann, sondern c.752, der für authentische (= verbindliche), aber nicht unfehlbare Lehren zu beachten ist. Strafrechtlich werden beide Bereiche auf die gleiche Stufe gestellt: Das hartnäckige Leugnen einer Lehre, die der Ebene des c.750 §2 zuzurechnen ist, wird in c.1371 Nr. 1 ebenso mit einer gerechten Strafe bedroht wie das einer Lehre der Ebene von c.752.

Auf dieses Dekret mit der Bestätigung der Exkommunikation reagierten die Frauen mit einer Presseerklärung am gleichen Tag der Veröffentlichung dieses Bestätigungsschreibens sowie mit einer Antwort an die Glaubenskongregation rund vier Wochen später.[262] Darin sind u.a. drei kirchenrechtlich bedeutsame Sachverhalte enthalten; die ersten beiden sind Bestandteil der Presseerklärung, während der dritte Sachverhalt ausfuhrlich in dem Antwortschreiben an die Glaubenskongregation entfaltet wird:

1. Die Frauen betonen ihre Überzeugung von der Gültigkeit ihrer Weihe und kündigen daher an: „Wenn Menschen uns um Sakramente bitten, dann werden wir ihnen diese nicht verwehren, denn das wäre eine Sünde gegen unser Gewissen und das Gewissen steht auch bei der römisch-katholischen Kirche an höchster Stelle."

2. Sie erklären mit Nachdruck, dass der Vorwurf einer Mittäterschaft an einem Schisma eine „grobe Unterstellung" sei, da sie „niemals auch nur daran dachten, ein Schisma anzuregen."[263]

3. Sie weigern sich explizit, die Lehre, dass nur Männer geweiht werden können, fest anzuerkennen und zu halten, wie es Papst Johannes Paul II. in seinem Schreiben „Ordinatio sacerdotalis" von allen Gläubigen verlangt. Denn für die Frauen steht eindeutig fest, dass diese Lehre „nachweislich der vollen Personwürde der Frau sowie ihrer vollen Gleichrangigkeit mit dem Mann widerspricht (vgl. Gal

3,26–28).“ Daher sehen sie sich unter Berufung ihrer Personwürde und ihrer Würde als Christinnen „dazu herausgefordert, das Frauen diskriminierende Gesetz (c. 1024) zu übertreten, weil es nicht von Gott kommt, sondern von Männern der Kirche über die Frauen verhängt wurde.“[264]

Entschlossenheit und Überzeugung der Frauen führten schließlich innerhalb kurzer Zeit zu einem weiteren bedeutsamen Schritt: die „Bischöfinnenweihe“. Am 27. Juni 2003 wurde von der „Gruppe Weiheämter für Frauen in der Kirche“ bekannt gegeben:

> „Mehrere Bischöfe aus sehr unterschiedlichen Sukzessionsketten, die selbst mit Dokumenten nachwiesen oder glaubwürdig versicherten, die Kraft der apostolischen Sukzession zu besitzen, erklärten sich bereit, den beiden Priesterinnen die Hände aufzulegen und sie zu Bischöfinnen zu weihen. So wurden im letzten halben Jahr die beiden Priesterinnen Christine Mayr-Lumetzberger aus Österreich und Dr. Gisela Forster aus Deutschland zur Bischöfinnen geweiht. Der Weiheakt wurde notariell dokumentiert und von Zeugen bestätigt.
> Da gegenwärtig nicht davon auszugehen ist, dass die Glaubenkongregation unter Kardinal Ratzinger für diese Bischöfinnenweihe Verständnis aufbringen würde, wurde die Weihe im Geheimen durchgeführt. ...
> Nachdem zwei der 7 zu Priesterinnen geweihten Frauen nun die apostolische Sukzession und damit die Verantwortung für die Weitergabe der Ämter haben, wird das nächste Ziel sein, die apostolische Sukzession zu den Frauen (Theologinnen, Ordensfrauen) in die anderen 4 Erdteile der Welt zu tragen: Frauen aus Amerika, Afrika, Australien und Asien sind bereit, rk Priesterinnen zu werden und in ihren Reihen eine Frau, die für Leitungsarbeit geeignet ist, zu einer rk Bischöfin zu wählen.“[265]

d) Rechtliche Würdigung des strafrechtlichen Geschehens

Welches Resümee ist über die Aktion der so genannten „Priesterinnenweihe“ und die rechtlichen Vorgänge zu ziehen? Kein erfreuliches, weder in der Sache noch in der Vorgehensweise.

Zur Sache ist festzuhalten:

1. Bischof Braschi, der die Weihehandlung vorgenommen hat, ist als Schismatiker gemäß c. 1364 exkommuniziert, wie von der Glaubenskongregation in allen drei Schreiben zur so genannten „Priesterinnenweihe“ zunächst angedeutet, dann aber klar herausgestellt wird. In dem so genannten „Monitum“ der Glaubenskongregation ist darüber hinaus zu Recht vom Straftatbestand der Simulation (c. 1379) die

Rede, da Bischof Braschi, indem er den Frauen die Weihe spendet, die sakramentale Handlung der Weihespendung vortäuscht. Vorgetäuscht ist die Weihehandlung allein deshalb, weil die Frauen nicht die Gültigkeitsvoraussetzung des männlichen Geschlechts gemäß c.1024 erfüllen, was Bischof Braschi auch genau wusste; kirchenrechtlich belanglos für den Strafvorwurf der Simulation ist dagegen die Tatsache, dass Bischof Braschi als Spender zugleich Schismatiker und daher exkommuniziert ist. Denn als gültig geweihter Bischof kann er auf jeden Fall gültig weihen (c.1012), als Schismatiker aber immer nur unerlaubt (c.1013). Bischof Braschi erfüllt also alle Gültigkeitsvoraussetzungen als Spender, die Frauen aber nicht als Empfängerinnen, sodass die Weihe nicht gültig gespendet werden konnte. Obwohl die Simulation damit im Zentrum der Aktion der „Priesterinnenweihe" steht, wird diese Straftat in den folgenden beiden Dekreten der Glaubenskongregation mit keiner Silbe mehr erwähnt. Das ist kirchenrechtlich unverständlich.

2. Die Frauen, die sich von Bischof Braschi weihen haben lassen, sind ebenfalls exkommuniziert; ausschlaggebender Grund dafür ist nach Auffassung der Glaubenskongregation – zumindest ihrem letzten Schreiben vom 21.12.2002 nach –, dass die „Priesterinnen" hartnäckig die Lehre von „Ordinatio sacerdotalis" leugnen, sodass über diese Frauen gemäß c.1371 die Exkommunikation als gerechte Strafe verhängt worden ist. Warum die „Priesterinnen" nicht der Mittäterschaft an der Simulation der sakramentalen Handlung der Weihespendung (c.1379 i.V.m. c.1329) bezichtigt werden, ist kirchenrechtlich ebenso wenig nachvollziehbar wie die Tatsache, dass ihnen zwar „eine Mittäterschaft mit dem Schisma" von Bischof Braschi vorgeworfen wird sowie ein „offener und faktisch sektiererischer Ungehorsam gegenüber dem Papst und den Diözesanbischöfen", dabei aber nicht auf die damit eingetretene Exkommunikation als Tatstrafe Bezug genommen wird (c.1364 i.V.m. c.1329).

3. Selbstverständlich sind die Frauen nicht gültig geweiht, auch wenn sie selbst von der Gültigkeit ihrer Weihe überzeugt sind. Demzufolge sind alle „dem priesterlichen Amt eigenen Handlungen, die von ihnen [sc. den Frauen] vorgenommen wurden [und werden], nichtig und ungültig", wie die Glaubenskongregation in ihrem Dekret vom

21.12.2002 zu Recht mit Verweis auf die cc.124 und 841 dargelegt hat.

4. Wenn die Frauen sakramentale Handlungen vollziehen, die an die Priesterweihe gebunden sind, machen sie sich jedes Mal des Straftatbestandes der Simulation schuldig. Allerdings werden sie nicht mehr von den dafür vorgesehenen Strafen getroffen, da sie ja schon wegen der Simulation der „Priesterinnenweihe" mit der Höchststrafe der Exkommunikation belegt sind. Denn die Exkommunikation wie auch alle weiteren kirchlichen Strafen werden nicht vervielfältigt. Daher gilt es nur theoretisch, dass sich die Frauen bei jedem Versuch, die Eucharistie zu feiern oder das Bußsakrament zu spenden, gemäß c.1378 §2[266] die Tatstrafe des Interdikts[267] zuziehen, der je nach Schwere auch noch weitere Strafen hinzugefügt werden können. Ebenso theoretisch ist die Androhung einer gerechten Strafe gemäß c.1379[268] für alle weiteren sakramentalen Handlungen – das Taufsakrament ausgenommen, das im Notfall von jedem Menschen gültig gespendet werden kann (c.861 §2).

5. Die „Bischöfinnenweihe" erfüllt den gleichen Straftatbestand wie die „Priesterinnenweihe": Spender und Empfängerinnen haben sich auf jeden Fall der Simulation einer sakramentalen Weihehandlung schuldig gemacht (c.1379). Denn allen Beteiligten musste bekannt sein, dass die Frauen nicht die Gültigkeitsvoraussetzung des männlichen Geschlechts gemäß c.1024 erfüllen. Der Straftatbestand der Simulation wird erneut gesetzt, wenn die „Bischöfinnen" wie angekündigt, Frauen die Priesterweihe spenden werden. Ob weitere Straftatbestände hinzukommen, kann erst geprüft werden, wenn die Identität der Spender geklärt ist.

Zum Vorgehen ist festzuhalten:

Die Art und Weise, wie in diesem Zusammenhang mit dem Recht der und in der Kirche umgegangen worden ist, darf nicht Schule machen. Dieser Appell ist allen voran an die Glaubenskongregation zu richten. Denn wenn schon die Glaubenskongregation nicht (mehr) einwandfrei, sicher und transparent mit dem Recht der katholischen Kirche umgeht,[269] sehen sich auch andere Kreise nicht (mehr) genötigt, die kirchenrechtliche Ordnung ernst zu nehmen und zu beachten. Die vorhandenen Rechtsnormen interessieren immer öfter nur dann, wenn sie zum eigenen Vorteil herangezogen werden können; dabei wird es allmählich zur Regel, nicht mehr auf den eigentlichen bzw. tieferen Sinn der jeweiligen Rechtsbestimmung, sondern nur auf ihren Wortlaut Bezug zu nehmen. Dadurch nimmt die Rechtskultur in der katholischen Kirche großen Schaden und Recht in der Kirche wird zunehmend als Fremdkörper empfunden. Fremdkörper sind aber stets der Gefahr ausgesetzt, für bestimmte Zwecke instrumentalisiert zu werden. Wenn das der Fall ist, dann wird Recht in der Tat nicht mehr Schutzmantel der Freiheit, sondern Zwangsjacke in der Hand der Mächtigen[270], wer auch immer die Mächtigen sind.

Karikatur:
Quelle unbekannt.

Frauen und Kirche – ein Epilog mit Katharina von Alexandrien

„Die Ganzheit und Fülle der Gegenwart Christi in der Kirche ist Verheißung und Auftrag zugleich. Sie ist deshalb ein geschichtlicher Weg, der in neuen Situationen immer weitere Elemente der in der Schöpfung gegebenen Fülle des Lebens entdecken und aktualisieren lässt. Zu den wichtigsten noch uneingelösten Elementen dieser Ganzheit und Fülle auf der Ebene der Gemeinden und der Ortskirchen gehören die spezifischen Glaubenserfahrungen und Glaubenszeugnisse der Frauen, die unter den Bedingungen heutiger Gesellschaft und Kultur im Begriff sind, ihren Ort und ihren Beitrag selbst zu bestimmen. Der Austausch zwischen den weiblichen und männlichen Glaubenserfahrungen und Glaubenszeugnissen gehört daher zu den wichtigsten Formen der gegenwärtigen und zukünftigen Katholizität der Kirche."[271] Um so bedrückender ist es, feststellen zu müssen: Frauen stoßen auch heute noch in der Kirche oft auf große Schwierigkeiten!

Aber durch Wegbleiben und Fortgehen hat sich noch keine Wirklichkeit und keine Institution geändert, sondern nur durch persönliches Engagement mit Selbstbewusstsein und Rückgrat. Deshalb ist es wichtig, dass Frauen trotz aller Schwierigkeiten nicht davor zurückschrecken, sich mit ihrem Denken und Fühlen, ihren Talenten und Begabungen in die verschiedenen Lebensvollzüge von Gemeinde und Kirche durch Wort und Tat einzubringen, auch und gerade gegen alle Unkenrufe. Weil das nur allzu oft leichter gesagt als getan ist, und weil das auf sich allein gestellt nur selten gelingt, habe ich vor längerer Zeit beschlossen, mir eine persönliche Hilfe und Unterstützung für mein Sein und Wirken in der katholischen Kirche zu suchen. Diese Hilfe und Unterstützung habe ich für mich in der Heiligen Katharina von Alexandrien gefunden. Ich bin auf sie aufmerksam geworden, weil sie als Schutzheilige der Theologie gilt. Das hat mich neugierig gemacht: Wie kommt es, dass sich eine so männerdominierte Wissenschaft wie die Theologie gerade eine Frau zur Patronin gewählt hat? Hat hier vielleicht die mehr oder weni-

Katharina von Alexandrien
Gemälde von Correggio
(1485–1539)

ger (un)bewusste Sehnsucht nach Ergänzung der männlichen Seite eine Rolle gespielt? Oder hat sich auch in diesem Lebensbereich die Ahnung von Ganzheitlichkeit und Vollkommenheit des Menschseins einen Ausdruck verschafft? Jedenfalls hat die Beschäftigung mit dem Leben der Katharina von Alexandrien dazu geführt, dass sie zu meiner ganz persönlichen spirituellen Begleiterin geworden ist.

Katharina zählt zu den 14 Nothelferinnen und Nothelfern der katholischen Kirche und wird nicht nur als Schutzpatronin der Theologen und Theologinnen verehrt, sondern auch der Philosophen und Philosophinnen wie der Gelehrten überhaupt. Die Heiligenlegende der Katharina von Alexandrien erzählt, dass sie eine sehr schöne und intelligente Frau war, Tochter des Königs von Zypern, die im 4. Jahrhundert gelebt haben soll. Sie weigerte sich, auf Befehl des damaligen Kaisers den heidnischen Göttern zu opfern, und versuchte stattdessen, den Kaiser vom christlichen Glauben zu überzeugen. Dieser engagierte 50 Philosophen gegen Katharina, die sie alle im Disput widerlegt haben soll, ja mehr noch: Katharina soll so einleuchtend argumentiert und ein so überwältigendes Glaubenszeugnis abgegeben haben, dass sich alle 50 Philosophen vom Heidentum zum Christentum bekehrt haben. Daraufhin wurde sie ins Gefängnis geworfen und nach 12 Tagen erneut vor den Kaiser geführt. Als dieser

Katharina die Mitherrschaft anbot, sie aber ablehnte, befahl der Kaiser, Katharina zu rädern. Doch die Marterinstrumente zerbrachen und führten zur Bekehrung der Kaiserin samt 100 Soldaten. Darüber erbost ließ nun der Kaiser Katharina enthaupten. Ihre sterblichen Überreste sollen von Engeln auf den biblischen Gottesberg Sinai gebracht worden sein, wo ihr bis heute das bekannte Katharinen-Kloster geweiht ist.

1. Was begeistert mich an Katharina?

Für mich ist Katharina in vielfacher Hinsicht Vorbild und Begleiterin in meinem Denken und Handeln in der katholischen Kirche. Ausgangspunkt dafür sind drei Eigenschaften von Katharina, die ich ganz besonders schätze: ihr Mut, ihre Ausdauer und ihr Fingerspitzengefühl für das rechte Wort zur rechten Zeit. Was meine ich damit konkret?

Katharina ist eine sehr mutige Frau: Denn sie wagt es, sich in einer von Männern beherrschten Welt zu Wort zu melden und ist dazu bereit, ihre Überzeugung auch gegen den mächtigsten Mann im Staat – das war damals der Kaiser – zu vertreten, also auch gegen ihn anzutreten; d.h. Katharina hatte den Mut, den Mächtigen der Welt entgegenzutreten. Und mit diesem Mut verbindet sich eine zweite Eigenschaft, die mich begeistert: ihre Ausdauer, die sie dabei an den Tag legt und ihre Unbeirrbarkeit: Was auch der Machthaber gegen sie unternimmt, Katharina bleibt bei ihrer Überzeugung und lässt sich nicht einschüchtern, nicht durch psychische und nicht durch physische Druckmittel. Weder die spitzfindigen Reden der vom Kaiser bestellten Philosophen noch die von ihm eingesetzten Foltermittel (Kerkerhaft, Räderung, Enthauptung) können Katharina beirren. Im Gegenteil: Sie hält alle Arten von Verletzungen aus, die man ihr zufügt, und schafft es so, dass sich durch ihr Zeugnis (in Wort und Tat) Menschen ändern, dass Menschen ihrem Beispiel folgen. Als dritte Eigenschaft fasziniert mich schließlich ihr ausgeprägtes Fingerspitzengefühl für das rechte Wort zur rechten Zeit: Katharina hat offensichtlich genau im Gespür gehabt, was sie sagt, wann sie es sagt, wem sie es sagt und wie sie es sagt. Nur deshalb konnte sich die Legende bilden, dass sie nicht nur 50 heidnische Philosophen vom christlichen Glauben überzeugt hat, sondern auch während ihrer Kerkerhaft die Kaiserin und 100 Ritter zum Christentum bekehren konnte.

2. Worin ist sie für mich Vorbild?

Genau in diesen Eigenschaften, die mich an ihr begeistern, ist mir Katharina auch ein Vorbild. Sie ist mir Vorbild in ihrem Mut, den Mund aufzumachen und offen und ehrlich für die eigene Überzeugung einzutreten, in aller Öffentlichkeit und gegen alle Widerstände. Und die Widerstände, die Katharina aushalten musste, waren unvergleichlich größer als sie heute sind: Katharina musste für ihre Überzeugung sogar ihr Leben lassen – sicherlich auch deshalb, weil sie es gewagt hat, sich als Frau in die „Männerwelt" einzumischen und damit den männlichen „Thron der Alleinherrschaft" gründlich in Frage gestellt hat.

Obwohl es heute in keiner Weise mehr so lebensgefährlich ist, für die eigene Überzeugung einzutreten wie für Katharina damals, fehlt mir oft ein solcher Mut. Mit dem Entsetzen der Selbstentlarvung entdecke ich bei mir selbst immer wieder, dass ich viel zu viel Zeit damit verbringe zu klagen, über meine Stellung als Frau in Kirche und Gesellschaft zu klagen und darüber, dass Frauen immer noch zu wenig Gehör in Kirche und Gesellschaft finden. Stattdessen wäre es oft sinnvoller, einfach und konsequent meine weibliche Sicht der Dinge darzulegen, weil ich dadurch viel konstruktiver und effektiver zu dem (weithin noch) notwendigen Umdenkprozess in Christentum, Gesellschaft und Kirche beitragen kann, zu dem Umdenkprozess dass es eben nicht nur die männliche Wahrnehmung, Deutung und Gestaltung von Wirklichkeit gibt, sondern auch die weibliche, und dass beide zusammengehören und das Ganze bilden.

Deshalb ist mir Katharina Vorbild nicht nur in ihrem Mut, sondern auch in ihrem Durchhaltevermögen, in ihrer Ausdauer. Sie hat sich nicht mundtot machen lassen, sie hat sich allen Widerständen gestellt, hat nicht resigniert und sich vorzeitig aus Enttäuschung wieder in die bequemeren Gemächer ihres Königinnendaseins zurückgezogen, sondern sie ist weiterhin mutig, kritisch und deutlich für ihre Überzeugung eingetreten. Diese Entschiedenheit Katharinas, sich mit ihren Fähigkeiten voll und ganz für ihre Glaubensüberzeugung einzusetzen, ist für mich Vorbild. An Katharina lerne ich immer wieder neu, dass brenzlige Situationen nicht dadurch gelöst werden, dass ich aufgebe, verbittere und mich zurückziehe. Denn dadurch werden keine neuen Zukunftsperspektiven eröffnet. Neue Aufbrüche – in Kirche und Gesellschaft – sind nur möglich, wenn auch ich mich mit meiner ganzen Person und mit Nachdruck und Ausdauer, aber auch mit Fingerspitzengefühl dafür einsetze. Es ist ermutigend, mit welchem Selbstbewusstsein Katharina daran festgehalten und darauf vertraut hat.

3. Welche Sorgen vertraue ich ihr als Nothelferin an?

Aufgrund ihrer Gelehrsamkeit gilt Katharina als Nothelferin gegen alles, was die Zunge hemmt. Deshalb kann ich mich an sie in allen Situationen wenden, wo mir die Stimme bzw. das Wort zu versagen droht. Und da gibt es für mich als Theologin in Kirche und Wissenschaft jede Menge: z.b wenn ich genau spüre, dass ich etwas sagen muss, aber noch nicht weiß, wie ich es sagen soll, damit es auch wirklich zum geistlichen Nutzen der Kirche und Gesellschaft beiträgt, wenn sich also das so wichtige Fingerspitzengefühl noch nicht entwickelt hat: wann, wie und bei wem melde ich mich jetzt zu Wort.

Katharina ist mir aber auch als Nothelferin nahe, wenn ich an meiner Fähigkeit zu argumentieren verzweifle, wenn ich müde und lustlos bin, nach neuen Argumenten für meine Position zu suchen.

Als Helferin in Nöten und Ängsten ist Katharina auch dann zuständig, wenn ich es deshalb nicht wage, mich zu Wort zu melden, weil ich Widerstände und persönliche Angriffe fürchte, die meine Ruhe und Ausgeglichenheit stören; ebenso wenn ich tausenderlei andere Dinge vorschütze, um mich nicht mit meinen Gegnern und Gegnerinnen auseinandersetzen zu müssen.

Kurzum: Katharina ist die ideale Nothelferin, um alle Formen der Bequemlichkeit zu überwinden nach dem Motto: auf meine Stimme kommt es nicht an. In allen diesen Situationen, wo die Zunge gehemmt ist, wo ich denke: Warum denn ich? Sollen doch andere etwas sagen!, ist Katharina eine Quelle für neue Kraft, Stärkung und Ermutigung, es doch zu wagen, die Meinung zu sagen, und zwar mit Ausdauer und Nachdruck, aber auch mit dem notwendigen Fingerspitzengefühl.

Anmerkungen

Frauen und Kirche – ein Blitzlicht, worum es geht

[1] *Reininger, D.*, Diakonat der Frau in der Einen Kirche. Diskussionen, Entscheidungen und pastoral-praktische Erfahrungen in der christlichen Ökumene und ihr Beitrag zur römisch-katholischen Diskussion, Ostfildern 1999, 650.

[2] Vgl. *Spendel, S.*, Braucht die Kirche Diakoninnen? Frauen in Diakonie und Caritas: Bestandsaufnahme und Perspektiven, in: Diakonat – Ein Amt für Frauen in der Kirche – Ein frauengerechtes Amt?, hrsg. v. Hünermann, P., Biesinger, A., Heimbach-Steins, M., Jensen, A., Ostfildern 1997, 78–85, 78f.

[3] Ebd., 80.

[4] *Reininger*, Diakonat der Frau (Anm.1), 141.

[5] Vgl. *Spendel*, Braucht die Kirche Diakoninnen (Anm. 2), 84.

[6] Vgl. dazu *Demel, S.*, Das kirchliche Amt in seiner sakramentalen Verankerung. Kirchenrechtliche Überlegungen, in: Im Dienst der Gemeinde. Wirklichkeit und Zukunftsgestalt der kirchlichen Ämter, hrsg. von Demel, S., Gerosa, L., Krämer, P., Müller, L., Münster 2002, 29–48, bes. 43–48.

1
Jüngerinnen Jesu – auch das steht in der Bibel!

[7] Vgl. zum Folgenden ausführlich *Demel, S.*, Jesu Umgang mit Frauen nach dem Lukasevangelium, in: Biblische Notizen 57 (1991), 41–95, 67–73 und 82–86; *Melzer-Keller, H.*, Jesus und die Frauen. Eine Verhältnisbestimmung nach den synoptischen Überlieferungen, Freiburg i.Br. 1997, 194–212, 262f; *Bieberstein, S.*, Verschwiegene Jüngerinnen – vergessene Zeuginnen. Gebrochene Konzepte im Lukasevangelium, Freiburg 1988, 23–75; 167f; 218–236; 279–284.

[8] Vgl. *Frei, R.C.*, Die Salbung Jesu durch die Sünderin. Eine redaktionskritische Untersuchung zu Lk 7,36–50, Mainz 1978, 210; *Kirchschläger, W.*, Jüngerinnen als Nachfolgerinnen auf seinen Wanderungen, in: Jesus, Freund und Anwalt der Frauen. Frauenpräsenz und Frauenabwesenheit in der Geschichte Jesu, hrsg. von Ruckstuhl, E., Stuttgart 1996, 125–133, 125f.

[9] Vgl. *Gerstenberger, E.S., Schrage W.*, Frau und Mann, Mainz 1980, 118; *Schottroff, L.*, Frauen in der Nachfolge Jesu in neutestamentlicher Zeit, in: Traditionen der Befreiung. Sozialgeschichtliche Bibelauslegungen, hrsg. v. Schottroff, W., Stegemann, W., Bd.2: Frauen in der Bibel, München 1980, 91–133, 101. Anderer Auffassung ist dagegen *Melzer-Keller*, Jesus und die Frauen (Anm. 7), 210: Lukas verarbeitete hier keine „historischen Nachrichten über die Jesusbewegung. Vielmehr projizierte er die ihm vertrauten Verhältnisse zurück in die Jesuszeit, geleitet von der Vorstellung, dass schon Jesus selbst angesehene und reiche Frauen für seine Sache gewonnen haben müsse."

[10] *Schürmann, H.*, Das Lukasevangelium. Erster Teil, Basel 1969, 446.

[11] Vgl. ebd., 446, Anm. 20.

[12] Vgl. *Witherington, B.*, Women in the Ministry of Jesus, Cambridge 1984, 118.

[13] *Rengstorf, K.H.*, Das Evangelium nach Lukas, Göttingen 1975 (16. Auflage), 105; vgl. *Bieberstein*, Verschwiegene Jüngerinnen (Anm. 7), 47.

[14] Vgl. *Schottroff*, Frauen in der Nachfolge Jesu (Anm. 9), 107; *Laurentin, R.*, Jesus und die Frauen. Eine verkannte Revolution?, in: Concilium 16 (1980), 275–283, 278.

[15] Vgl. *Schottroff*, Frauen in der Nachfolge Jesu (Anm. 9), 107.

[16] Vgl. *Rengstorf*, Evangelium nach Lukas (Anm. 13), 104.

[17] *Bieberstein*, Verschwiegene Jüngerinnen (Anm. 7), 68, 74f, sieht hier zwei unterschiedliche Vorstellungen zusammengefügt, die nicht zusammenpassen und somit zu einem widersprüchlichen Bild führen: einerseits sind die Frauen mitwandernde Frauen, die ihre gesellschaftliche Stellung aufgegeben haben, und andererseits Frauen, die innerhalb der gesellschaftlichen Strukturen verbleiben und mit ihrem Besitz der Jesusbewegung dienen. „Das Bild von Frauen, die das, was sie haben, noch zu ihrer Verfügung haben, überlagert das Bild von Frauen, die sich wie die Zwölf mit Jesus – unter Aufgabe ihres gesamten bisherigen Kontextes – buchstäblich auf den Weg gemacht haben" (ebd., 168).

[18] So *Leipoldt, J.*, Jesus und die Frauen. Bilder aus der Sittengeschichte der alten Welt, Leipzig 1921, 86; *Gerstenberger/Schrage*, Frau und Mann (Anm. 9), 118; *Bormann, L.*, Recht, Gerechtigkeit und Religion im Lukasevangelium, Göttingen 2001, 256; *Mohri, E.*, Maria Magdalena. Frauenbilder in Evangelientexten des 1. bis 3. Jahrhunderts, Marburg 2000, 108: „... in 8,3 ist das Dienen als materielle Unterstützung gekennzeichnet."

[19] Vgl. *Kirchschläger, W.*, Jüngerinnen als Nachfolgerinnen (Anm. 8), 129f; *Bieberstein*, Verschwiegene Jüngerinnen (Anm. 7), 38f i.V.m. 67.

[20] Anderer Auffassung ist *Mohri*, Maria Magdalena (Anm. 18), 108f, für die die Frauen eine „Sondergruppe" (S. 108) darstellen, die „nicht gleichwertig" (S. 109) mit den Zwölf ist (vgl. auch S. 103).

[21] *Steichele, H.*, „Auf das Wort der Frau hin kamen sie zum Glauben" (Joh 4,39). Die Rolle der Frau in der urchristlichen Seelsorge, in: Zwischen Alltag und Ausnahme. Seelsorgerinnen. Geschichte, Theologie und gegenwärtige Praxis, hrsg. v. Pemsel-Maier, S., Ostfildern 2001, 21–39, 32; vgl. *Jeremias, J.*, Die Sprache des Lukasevangeliums. Redaktion und Tradition im Nicht-Markusstoff des dritten Evangeliums, Göttingen 1980, 178, der darauf hinweist, dass Lukas das Verb διακονεῖν nicht nur für den Tischdienst verwendet, sondern auch für Dienstleistungen aller Art (auch bei Markus 15,41 ist einfach von Dienstleistungen aller Art, eben vom Dienen, die Rede); *Bieberstein*, Verschwiegene Jüngerinnen (Anm. 7), 65.

[22] *Kirchschläger*, Jüngerinnen als Nachfolgerinnen (Anm. 8), 128.

[23] Vgl. *Müller, P.G.*, Das Lukasevangelium, Stuttgart 1984, 86.

[24] Vgl. *Neuer, W.*, Mann und Frau in christlicher Sicht, Gießen 1981, 86.

[25] *Albrecht, B.*, Jesus – Frau – Kirche, Vallendar 1983, 15.

[26] Vgl. *Ernst, J.*, Das Evangelium nach Lukas, Regensburg 1993 (6. Auflage), 202; *Schneider, G.*, Das Evangelium nach Lukas. Kap. 1–10, Gütersloh 1984, 180f; *Bormann*, Recht (Anm. 18), 256.

[27] Apg 1,14; 5,1–11.14; 8,3.12; 9,2.36–42; 16,33ff; 17,4.12.34; 18,2f.18; 21,5f; 22,4; 1 Kor 11,2–16 u.a.

[28] Vgl. Apg 18,26: „Priszilla und Aquila hörten ihn [sc. einen Juden namens Apollos, der offen in der Synagoge sprach], nahmen ihn zu sich und legten ihm den Weg Gottes noch genauer dar."

123

[29] Vgl. 1 Kor 16,19: „Es grüßen euch die Gemeinden in der Provinz Asien. Aquila und Priska und ihre Hausgemeinde senden euch viele Grüße im Herrn." Weitere Frauennamen von Hausgemeinden sind Maria, die Mutter des Johannes Markus, in Jerusalem (vgl. Apg.12,12), die Purpurhändlerin Lydia in Philippi (Apg 16,15) und Nympha in Laodizea (Kol 5,15).

Die Hausgemeinden waren damals gleichsam die „Kirche vor Ort"; man traf sich dort zum gemeinsamen Gebet, zur katechetischen Unterweisung und zum gemeinsamen eucharistischen Mahl. Dabei ist davon auszugehen, dass Frauen und Männer sowohl in der Verkündigung als auch in den gottesdienstlichen Feiern gleichrangig tätig waren (vgl. *Steichele, H.*, Auf das Wort der Frau hin (Anm. 21), 30f).

[30] Vgl. Röm 16,1f: „Ich empfehle euch unsere Schwester Phöbe, die Dienerin der Gemeinde von Kenchreä: Nehmt sie im Namen des Herrn auf, wie es Heilige tun sollen, und steht ihr in jeder Sache bei, in der sie euch braucht; sie selbst hat vielen, darunter auch mir, geholfen."

[31] Vgl. Röm 16,6: „Grüßt Maria, die für euch viel Mühe auf sich genommen hat." Röm 16,12: „Grüßt Tryphäna und Tryphosa, die für den Herrn viel Mühe auf sich nehmen. Grüßt die liebe Persis." Phil 4,2f: „Ich ermahne Evodia und ich ermahne Syntyche, einmütig zu sein im Herrn. Ja, ich bitte dich, treuer Gefährte, nimm dich ihrer an! Sie haben mit mir für das Evangelium gekämpft, zusammen mit Klemens, und meinen anderen Mitarbeitern. Ihre Namen stehen im Buch des Lebens."

[32] Vgl. *Rengstorf,* Evangelium nach Lukas (Anm. 13), 275.

[33] Vgl. *Grundmann, W.,* Das Evangelium nach Lukas, Berlin 1971, 436.

[34] Vgl. *Rengstorf,* Evangelium nach Lukas (Anm. 13), 275; ders., μαθητής, in: ThWNT 4, Stuttgart 1990, 417–464, 450.

[35] Vgl. *Schweizer, E.,* Das Evangelium nach Lukas, Göttingen 1982, 93.

[36] *Bormann,* Recht (Anm. 18), 348 behauptet dagegen, dass Lukas hier an dieser Stelle „außer der Feststellung ihrer [sc. der qualifizierten Zeugen] Anwesenheit keinerlei Interesse an der Ausgestaltung [zeigt]. Er legt das Gewicht auf die durch Gottesfurcht geschulte Urteilskraft in Fragen von Recht und Gerechtigkeit, die im verständigen Teil der um das Kreuz versammelten Menschen zum Ausdruck kommt."

[37] Vgl. *Witherington,* Women in the Ministry (Anm. 12), 122.

[38] Vgl. dazu *Michaelis, W.,* ὁράω, in: ThWNT 5, Stuttgart 1990, 315–368, 345.

[39] Vgl. auch *Melzer-Keller,* Jesus und die Frauen (Anm. 7), 263.

[40] Vgl. *Kittel, G.,* ἀκολουθέω, in: ThWNT 1, Stuttgart 1990, 210–216, 216.

[41] Vgl. Lk 5,11.27.28; Lk 7,9; Lk 9,23.49.57.59.61; Lk 18,22.28.43; Lk 22,39.

[42] Vgl. Lk 9,11; Lk 22,10; Lk 22,54; Lk 23,27.

[43] Gegen die Ansicht von *Kittel,* ἀκολουθέω (Anm. 40), 216.

[44] Vgl. ähnlich auch *Bieberstein,* Verschwiegene Jüngerinnen (Anm. 7), 228. Anders dagegen *Mohri,* Maria Magdalena (Anm. 18), 112, die ohne jegliche Begründung einfach feststellt: „Das dem ἀκολουθεῖν vorgestellte συν ordnet sie [sc. die Frauen] der Gruppe der Bekannten unter, sie waren gleichfalls Jesus aus Galiläa nachgefolgt."

[45] *Kittel,* ἀκολουθέω (Anm. 40), 214.

[46] *Bieberstein,* Verschwiegene Jüngerinnen (Anm. 7), 224; vgl. ebd., 229.

[47] Vgl. *Rengstorf,* μαθητής (Anm. 34), 455.

[48] Die Tatsache, dass die galiläischen Frauen offenbar nicht von Jesus ausdrücklich berufen worden sind, sondern sich selbst Jesus angeschlossen hatten, ist in diesem Zusammenhang unerheblich. Denn „der Sprachgebrauch der Evangelisten lässt an diesem Punkte eine völlige Eindeutigkeit vermissen. Das mag aber nicht an einer

sprachlichen Nachlässigkeit liegen, sondern tiefere Gründe haben. Es ist nicht ausgeschlossen, dass eine gewisse Undeutlichkeit von μαθητής in Bezug auf die Frage, ob nun jeder μαθητής als von ihm persönlich berufen zu gelten habe, die tatsächlichen Verhältnisse aus der ersten Zeit seiner Wirksamkeit widerspiegelt, als ihm von allen Seiten das Volk zuströmte. ... Umso wichtiger ist, dass die gesamte Überlieferung darin übereinstimmt, dass es letzten Endes immer Jesus selbst war, der über die Zugehörigkeit zu ihm entschied" (*Rengstorf*, μαθητής, Anm. 34, 447).

[49] Vgl. *Rengstorf*, Evangelium nach Lukas (Anm. 13), 105; *Neuer*, Mann und Frau (Anm. 24), 91.

[50] Vgl. *Rengstorf*, μαθητής (Anm. 34), 465; *Mohri*, Maria Magdalena (Anm. 18), 103, die darüber hinaus erläutert: „In der Apg steht μαθήτρια 28mal für die Gläubigen. Für die Apg ist das im NT einmalige Vorkommen der weiblichen Form μαθήτρια (Apg 9,36) wichtig; Lk zeigt damit an, dass der Pl. mask. inklusiv gemeint ist, die Jüngerinnen also ,mitgemeint' sind. Unter Beachtung dieses Sprachgebrauches in Apg und der ausdrücklichen Erwähnung der Frauen in Lk 8,2.3, sowie der in der Passionsgeschichte noch zweimal erfolgenden Erwähnung, dass die Frauen von Galiläa mit nach Jerusalem gezogen waren, könnten sie, wie gesagt, auch im LkEv als Jüngerinnen Jesu gelten."

[51] Vgl. *Bieberstein*, Verschwiegene Jüngerinnen (Anm. 7), 75; 281. Ebd., 283f, wird daraus die Konsequenz gezogen und eine revidierte Bibelübersetzung zumindest des Lukasevangeliums gefordert, die „Männer und Frauen als Nachfolgende sichtbar macht und auch zeigt, dass Männer *und* Frauen als Nachfolgende angesprochen sind."

[52] Ebd., 39, 41, 74.

[53] Ebd., 45.

[54] Ebd., 279.

[55] Ebd., 73.

[56] Ebd., 73.

[57] Ebd., 279–284.

[58] Ebd., 282. Demzufolge ist die „Frage nach der Darstellung, der Funktion und der Bedeutung der galiläischen Frauen eher auf dem Hintergrund einer androzentrischen Wirklichkeitskonstruktion gehobener gesellschaftlicher Schichten zu interpretieren als auf dem Hintergrund von Frauenfeindlichkeit und konkreten Ausschlußmechanismen von Frauen aus bestimmten Gemeindepositionen" (ebd., 283). Ganz anderer Auffassung ist *Melzer-Keller*, Jesus und die Frauen (Anm. 7), 26, wenn sie betont, dass Lukas zwar „keine Probleme mit der Gleichstellung von Männern und Frauen in der Nachfolgegemeinschaft Jesu und in der Umsetzung der Kriterien der Jüngerschaft hatte, so doch augenscheinlich mit der Teilhabe von Frauen an Amt und Autorität." Nach *Melzer-Keller* zeichnet Lukas zwar „seine Frauengestalten eigenständig, unabhängig, handlungsfähig und glaubensstark" (ebd., 277), „autorisierte Zeugen sind nach Lukas jedoch nur die Apostel und diese müssen in jedem Fall Männer sein. Bei aller Aufgeschlossenheit gegenüber Frauen lässt Lukas hier ein Konzept von Kirche erkennen, das keinen Raum lässt für ein antipatriarchales Ideal von Geschwisterlichkeit, das vielmehr allein männliche Autoritäten gelten lässt und Frauen von leitenden Positionen ausschließt. Eine emanzipatorische Leistung kann Lukas daher auf keinen Fall bescheinigt werden." Ähnlich auch *Mohri*, Maria Magdalena (Anm. 18), 104f; 109.

[59] *Swidler*, L., Jesu Begegnung mit Frauen. Ein Plädoyer für Gleichheit und Gleichberechtigung der Frau, in: Diakonia 3 (1972), 229–237, 236.

Melzer-Keller, Jesus und die Frauen (Anm. 7), 357f, vertritt dagegen die Auffassung: „Ansätze zu einem frauenfreundlichen Jesus sind überall zu finden, doch entsprechende praktische Konsequenzen hinsichtlich der gemeindlichen Möglichkeiten und vor allem der gesellschaftlich-eherechtlichen Stellung der Frau werden nirgendwo gezogen. ... Was also die Entwürfe der drei Synoptiker und der Logienquelle von Jesu Leben und Lehre angeht, kann keine Rede davon sein, dass Jesus den Frauen ‚ihre Würde zurückgegeben' oder sie ‚aus patriarchalen Strukturen befreit' habe und damit ein Vorkämpfer der modernen Frauenemanzipation gewesen sei." Vgl. dazu auch ebd., 422–425, 439–441. Das Verhältnis des historischen Jesus zu Frauen fasst *Melzer-Keller,* ebd., 441, wie folgt zusammen: „Jesus war sicher kein ‚Chauvinist', doch ebenso wenig können wir ihn als einen besonderen ‚Frauenfreund' oder gar ‚Frauenbefreier' bezeichnen. Wir müssen vielmehr das Fazit ziehen, dass er überhaupt kein Problembewusstsein hinsichtlich der in einem patriarchalen Gesellschaftssystem ungleichen Verteilung von Rechten und Möglichkeiten zwischen den Geschlechtern hatte, kein Gespür für eine sowohl rechtliche als auch lebenspraktische Benachteiligung von Frauen, kein Interesse an einer diesbezüglichen Veränderung des status quo." Im Hinblick auf das Lukasevangelium versucht *Melzer-Keller,* ebd., 324–329, herauszuarbeiten, dass der „lukanische Jesus ... alles andere als ein an der Frauenfrage Interessierter [ist]" (S. 329). Ihrer Meinung nach zeichnet Lukas in seinem Evangelium nur nach, „was in seinem Umfeld an Entfaltungsmöglichkeiten der Frauen bereits vorhanden war. An entscheidenden Stellen fiel Lukas sogar dahinter zurück. Denn ohne Frage war er darum bemüht, die Rolle der Frauen am Ende zugunsten der Männer zu relativieren. Er schonte die männlichen Jünger, indem er die markinische Notiz von der Jüngerflucht überging und auch die Männer bei der Kreuzigung Jesu anwesend sein ließ. Der Auferstehungsverkündigung der Frauen schenken die Männer in der lukanischen Darstellung keinen Glauben; statt dessen überprüft Petrus die Botschaft vom leeren Grab, um danach in den Stand des ersten Auferstehungszeugen erhoben zu werden. Die Entdeckung des leeren Grabes und die Engelsbotschaft werden also im Blick auf die folgenden Auferstehungserscheinungen in ihrer Bedeutung heruntergespielt. Die Folgen dieser Vorgehensweise sind fatal: obwohl auch Frauen von der Zeit der öffentlichen Wirksamkeit Jesu in Galiläa an, bei den Auferstehungserscheinungen und schließlich bis zur Himmelfahrt kontinuierlich anwesend waren und alle Bedingungen für ein Apostelamt erfüllen, werden sie am Ende von den Männern verdrängt. Allein die Apostel werden schließlich zu autorisierten Zeugen des Lebens und der Auferstehung Jesu eingesetzt. Apostolische Autorität aber schränkt Lukas auf einen reinen Männerkreis ein; für eine Teilhabe am Apostelamt zieht er die Frauen überhaupt nicht in Betracht" (S.326f). Vgl. dazu auch ebd., 355.

[60] *Leenhardt, J., Blanke, F.,* Die Stellung der Frau im Neuen Testament und in der alten Kirche, Zürich 1949, 9.

[61] Vgl. *Rengstorf,* μαθητής (Anm. 34), 454f.

[62] Vgl. *Dewey, J.,* Frauenbilder, in: Als Mann und Frau ruft er uns. Vom nicht-sexistischen Gebrauch der Bibel, hrsg. v. Russell, L.M., München 1979, 52–69, 64; *Merode-de Croy, M.,* Die Rolle der Frau im Alten Testament, in: Concilium 16 (1980), 270–275, 272.

[63] *Laurentin,* Jesus und die Frauen (Anm. 14), 276.

[64] *Raming, I.,* Von der Freiheit des Evangeliums zur versteinerten Männerkirche. Zur Entstehung und Entwicklung der Männerkirche in der Kirche, in: Concilium 16 (1980), 230–235, 231; vgl. *Albrecht,* Jesus – Frau – Kirche (Anm 25), 12.

[65] Vgl. *Laurentin*, Jesus und die Frauen (Anm. 14), 276.

[66] *Blank, J.*, Frauen in den Jesusüberlieferungen, in: Die Frau im Urchristentum, hrsg. v. Dautzenberg, G., Merklein, H., Müller, K., Freiburg i.Br. 1983, 90.

[67] *Steichele*, Auf das Wort der Frau hin (Anm. 21), 37.

[68] Weitere Belege sind Texte wie 1 Tim 2,11–15: „Eine Frau soll sich still und in aller Unterordnung belehren lassen. Dass eine Frau lehrt, erlaube ich nicht, auch nicht, dass sie über ihren Mann herrscht; sie soll sich still verhalten. Denn zuerst wurde Adam erschaffen, danach Eva. Und nicht Adam wurde verführt, sondern die Frau ließ sich verführen und übertrat das Gebot. Sie wird aber dadurch gerettet werden, dass sie Kinder zur Welt bringt, wenn sie in Glaube, Liebe und Heiligkeit ein besonnenes Leben führt." Ferner Eph 5,22f: „Ihr Frauen, ordnet euch eueren Männern unter wie dem Herrn (Christus); denn der Mann ist das Haupt der Frau, wie auch Christus das Haupt der Kirche ist; er hat sie gerettet, denn sie ist sein Leib." Kol 3,18: „Ihr Frauen, ordnet euch eueren Männern unter, wie es sich im Herrn geziemt." 1 Petr 3,1–3: „Ebenso sollt ihr Frauen euch eueren Männern unterordnen, damit auch sie, falls sie dem Wort (des Evangeliums) nicht gehorchen, durch das Leben ihrer Frauen ohne Worte gewonnen werden, wenn sie sehen, wie ehrfürchtig und rein ihr lebt. Nicht auf äußeren Schmuck sollt ihr Wert legen, auf Haartracht, Gold und prächtige Kleider, sondern was im Herzen verborgen ist, das sei euer unvergänglicher Schmuck: ein sanftes und ruhiges Wesen. Das ist wertvoll in Gottes Augen."

[69] Vgl. *Steichele*, Auf das Wort der Frau (Anm. 21), 37.

2
Von der gehorsamen Gattin zur Frau in vielfältigen Lebensbezügen – eine Vergangenheitsbewältigung der kirchlichen Sicht

[70] Vgl. *Pissarek-Hudelist, H.*, Feministische Theologie – eine Herausforderung an Kirche und Theologie, in: Frauenbefreiung und Kirche. Darstellung, Analyse, Dokumentation, hrsg. v. Beinert, W., Regensburg 1987, 15–50, 29.

[71] Vgl. auch dazu Frauen und Kirche. Eine Repräsentativbefragung von Katholikinnen im Auftrage des Sekretariats der Deutschen Bischofskonferenz durchgeführt vom Institut für Demoskopie Allensbach, 1. Februar 1993, in: Arbeitshilfen 108, hrsg. vom Sekretariat der Deutschen Bischofskonferenz, Bonn 1993, 88, wo auf der Grundlage einer Umfrage unter katholischen Frauen in Deutschland Anfang der 1990er Jahre festgestellt wird, dass von den drei Lebensbereichen: Kinder, Küche, Kirche „der religiöse Bereich am meisten an Bedeutung eingebüßt [hat]. Während Kinder annähernd zwei Drittel, das Thema Kochen immerhin jede zweite Katholikin interessieren, treffen religiöse Themen bei jeder dritten auf besonders großes Interesse." Die Rangfolge des besonderen Interesses lautet: 61 % für Kinder, 49 % für Kochen, 35 % für religiöse Fragen. Betrachtet man dabei die zwei Altersgruppen der 16- bis 29-jährigen und der 30- bis 44-jährigen, so ergibt sich eine Verteilung von 48 % zu 29 % zu 14 % in der ersten Gruppe und 72 % zu 45 % zu 27 % in der zweiten Gruppe.

[72] *Lücking-Michel, C.*, Typisch Frau?, in: Christliche Frau 3 (1995), 13–15, 13. Auch

die Allensbacher Studie zum Thema „Frauen und Kirche" aus dem Jahre 1993 stellt fest: „Die Berufstätigkeit der Frau ist mittlerweile eine gesellschaftliche Norm. Diese Norm ist jedoch an eine Bedingung geknüpft: dass keine Konflikte mit den traditionellen Frauenrollen auftreten – der Rolle der Ehefrau, Hausfrau und Mutter" (Frauen und Kirche (Anm. 71), 58).

[73] Vgl. zum Folgenden *Pissarek-Hudelist*, Feministische Theologie (Anm. 70), 15–50; *Müller, H.*, Zur rechtlichen Stellung der Frau in der Kirche, in: ThPQ 126 (1978), 341–349; Frauen und Kirche (Anm. 71).

[74] *Leo XIII.*, Rundschreiben „Arcanum divinae sapientiae" vom 10. Februar 1880, in: ASS XII (1879–1880), 389.

[75] *Pius XI.*, Enzyklika „Casti connubii", in: Amtliche Dokumente zur Frage der Stellung der Frauen in Kirche und kirchlichen Gemeinschaften, in: Frauenbefreiung und Kirche (Anm. 70), 113.

[76] Vgl. dazu S. 59–93 dieser Arbeit.

[77] *Johannes XXIII.*, Enzyklika „Pacem in terris", Nr.41, abgedruckt in: Frauenbefreiung und Kirche (Anm. 70), 130.

[78] Nach c.230 können die Dienste des Lektorats und Akolythats (= Bereitung des Altares und hilfsweise Kommunionspendung) lediglich Männern *auf Dauer* übertragen werden (c.230 §1), Frauen dagegen nur *zeitlich begrenzt* (c.230 §2). Das ist nicht einsichtig bzw. als ein Relikt der altkodikarischen Diskriminierung von Frauen zu bewerten. *Bernhard, F.*, Ist die Frau in der katholischen Kirche rechtlos?, in: KNA. Ökumenische Information Nr.50, 5. Dezember 1995, 13–17, 16, weist darauf hin, dass diese Dienste im Bereich der Deutschen Bischofskonferenz fast ausschließlich den Kandidaten für die Diakonen- und Priesterweihe übertragen werden (vgl. c.1035). Insofern ist c.230 §1 seiner Meinung nach „im Zusammenhang mit dem Ausschluss der Frau von den sakramentalen Weihen zu sehen" und braucht „nicht als eine eigene, die Frau ausgrenzende Norm angesehen zu werden." Gegen diesen Harmonisierungsversuch spricht aber die Tatsache, dass die genannten Dienste nach dem Gesetzeswortlaut offensichtlich nicht nur als Durchgangsstufen zur Weihe, sondern auch als ständige Dienste übertragen werden können (vgl. *Krämer, P.*, Kirchenrecht II, Ortskirche – Gesamtkirche, Stuttgart 1993, 33f; *Puza, R.*, Zur Stellung der Frau im alten und neuen Kirchenrecht, in: ThQ 163 (1983), 109–122, 115f; *Breitsching, K.*, Möglichkeiten der Teilhabe der Frau an der kirchlichen Sendung nach dem CIC/1983, in: ZKTh 118 (1996), 205–221, 211f).

[79] Sonderbestimmungen für Männer und Frauen enthalten die folgenden Canones: c.111 CIC/1983 legt fest, dass bei fehlender Einigung der Eltern das Kind der Rituskirche des Vaters zugeschrieben wird, c.1083 §1 fordert von Frauen als Mindestalter für eine gültige Eheschließung das vollendete 14., von Männern dagegen das vollendete 16. Lebensjahr, und c.1089 normiert den Frauenraub als Ehehindernis. Unverständlich sind allerdings die unterschiedlichen Regelungen für Nonnenklöster und männliche Ordensinstitute, in denen die Nonnenklöster höheren Auflagen unterliegen (vgl. cc.609 §2; 614; 616 §4).

[80] Vgl. dazu Demel, *S.*, Mitmachen – Mitreden – Mitbestimmen. Grundlagen, Möglichkeiten und Grenzen in der katholischen Kirche, Regensburg 2001, 36–65; 74–76.

[81] Zur Sonderstellung des Ausschlusses der Frauen vom Empfang des Weihesakramentes gemäß c.1024 vgl. S. 33 und S. 59–92 dieser Arbeit.

[82] Zu der lange Zeit umstrittenen Frage der weiblichen Ministranten siehe die Klarstellung des Päpstlichen Rates für die Interpretation der Gesetzestexte von 1992, in:

AAS 86 (1994), 541f, wonach der Dienst am Altar zu den liturgischen Aufgaben gehört, die gemäß c. 230 § 2 Laien, Männer und Frauen, wahrnehmen können, allerdings unter Beachtung der Anweisungen des Apostolischen Stuhles. Hiernach wiederum ist es dem klugen Urteil jedes einzelnen Bischofs überlassen, in seiner Diözese nach Anhören der Bischofskonferenz Messdienerinnen zuzulassen oder nicht.

[83] Zur Problematik des c.230 §1 vgl. Anm. 78 dieser Arbeit.

[84] Abgedruckt in: Frauenbefreiung und Kirche (Anm. 70), 133f.

[85] Brief Papst Johannes Pauls II. an die Frauen, 29. Juni 1995, in: Verlautbarungen des Apostolischen Stuhls 122, hrsg. vom Sekretariat der Deutschen Bischofskonferenz, Bonn 1995.

[86] *Lehmann, K.*, Einführung des Vorsitzenden der Deutschen Bischofskonferenz, Bischof Karl Lehmann (Mainz), anlässlich der Pressekonferenz zur Vorstellung der repräsentativen Untersuchung „Frauen und Kirche", in: Frauen und Kirche (Anm. 71), 5–10, 6.

[87] Vgl. Frauen und Kirche (Anm. 71), 24.

[88] Ebd.

[89] *Lehmann*, Einführung (Anm. 86), 8, der zugleich darauf hinweist, dass die Frage der Gleichberechtigung der Frauen in der Kirche „für sich allein nicht den Stellenwert [hat], den man ihr gewöhnlich zumisst." Neben und vor der Frage der Gleichberechtigung werden von Katholikinnen die kirchlichen Positionen zur Empfängnisverhütung, zum Zölibat, zum Schwangerschaftsabbruch, zur Ehescheidung und zur Rolle des Papstes als vorrangige Steine des Anstoßes genannt (vgl. Frauen und Kirche (Anm. 71), 107–131, bes. 113).

[90] Frauen und Kirche (Anm. 71), 97.

[91] Vgl. ebd., 101; 97–107; 113; 183.

[92] Vgl. ebd., 19 und 21.

[93] Ebd., 41.

[94] Ebd., 48.

3
Nicht nur Seelsorgerin, sondern auch Amtsträgerin – Frauen im Dienst der Kirche

[95] Vgl. auch *Pemsel-Maier, S.*, Nicht Lückenbüßerinnen, sondern theologisch legitimiert. Seelsorge von Frauen im Sinne des Zweiten Vatikanischen Konzils, in: Zwischen Alltag und Ausnahme: Seelsorgerinnen. Geschichte, Theologie und gegenwärtige Praxis, hrsg. v. dies., Ostfildern 2001, 81–105, 88f.

[96] Vgl. *Becker, S.*, Eine Chance für die Kirche. Der spezifische Beitrag von Frauen für die Seelsorge, in: Zwischen Alltag und Ausnahme: Seelsorgerinnen. Geschichte, Theologie und gegenwärtige Praxis, hrsg. v. Pemsel-Maier, S., Ostfildern 2001, 165–183, 177–180.

[97] Vgl. *Pemsel-Maier*, Nicht Lückenbüßerinnen (Anm. 95), 16.

[98] *Becker*, Chance für die Kirche (Anm. 96), 179.

[99] Ebd., 179.

[100] *Telgenbüscher, M.*, Ruach lebt in uns. Entdeckungsreise in eine weibliche Spiritualität, in: Frauenliturgien. Ein Werkbuch, hrsg. von Baumann, B., Bölting, M., Dommers, A., Feldmann, J., Telgenbüscher, M., München 1998, 44–55, 47.

[101] *Hintersberger, B.*, Glaubensgemeinschaft. So vielgestaltig wie das Leben selbst, in: Christliche Frau 6 (2002), 29f, 29.

[102] Rahmenordnung für Ständige Diakone in den Bistümern der Bundesrepublik Deutschland, 24. Februar 1994, in: Die deutschen Bischöfe 50, hrsg. vom Sekretariat der Deutschen Bischofskonferenz, Bonn 1994, 7.

[103] *Krämer*, Kirchenrecht II (Anm. 78), 46.

[104] Vgl. *Greshake, G.*, Amt, theologischer Begriff. IX. Ämter und Dienste, in: LThK 1, Freiburg i.Br. 1999 (3. Auflage), 554–555, 555. Siehe ähnlich auch *Freitag, J.*, Kirchliche Ämter und Dienste. III. Systematisch-theologisch, in: LThK 6, Freiburg i.Br. 1997 (3. Auflage), 92–94, 93: „Das reihende ‚und‘ [sc. Ämter und Dienste] will ... die kirchlichen Tätigkeiten ‚unterhalb‘ der sakramentalen Trias von Bischof, Priester und Diakon insgesamt erfassen, ohne ihr Verhältnis zu diesen (und zu sakramentale Weihe voraussetzenden kirchlichen Ämtern und Diensten) zu präjudizieren ... .“

[105] Vgl. *Bausenhart, G.*, Das Amt in der Kirche. Eine not-wendende Neubestimmung, Freiburg i.Br. 1999, 318, Anm. 492.

[106] Vgl. c.230 §1, der von den liturgischen „Diensten" der Laien spricht, mit c.278 §2, in dem vom „Dienst" des Klerikers die Rede ist.

[107] Vgl. *Kehl, M.*, Die Kirche. Eine katholische Ekklesiologie, Würzburg 2001 (4. Auflage), 439, Anm. 53.

[108] Zur Dreigliedrigkeit des Weihesakraments vgl. S. 68–70 und 73–75; zu Inhalt und Verhältnis von göttlichem und menschlichem Recht vgl. ca. S. 65f, 68–70 dieser Arbeit.

[109] *Socha, H.*, in: MK CIC, 145/2, Rdn. 3 (8. Erg.-Lfg., August 1988).

[110] Die sakramentale Verankerung des kirchlichen Leitungsamtes in der Weihe bringt zugleich zweierlei zum Ausdruck: zum einen, dass die Kirche nicht ein Produkt ihrer selbst ist, sondern eine von Gott gegründete und durch seinen Geist am Leben erhaltene Gemeinschaft; zum anderen, dass der Träger eines kirchlichen Leitungsamtes nicht nur von der Gemeinschaft beauftragt ist, sondern gleichzeitig auch und vor allem von Gott durch Jesus Christus im Heiligen Geist. Das auf der Priesterweihe beruhende Leitungsamt repräsentiert „im Leben der Kirche die Priorität der göttlichen Initiative und Autorität ... und [dient] insbesondere durch Wort und Sakrament der Sammlung, dem Aufbau und der Leitung der Gemeinde (Kirche)" (*Jorissen, H.*, Amt, theologischer Begriff. VIII. Im ökumenischen Gespräch, in: LThK 1, Freiburg i.Br. 1999 (3. Auflage), 554).

[111] Vgl. *Riedel-Spangenberger, I.*, Gesandt und beauftragt. Kirchenrechtliche Möglichkeiten der Seelsorge von Frauen, in: Zwischen Alltag und Ausnahme: Seelsorgerinnen. Geschichte, Theologie und gegenwärtige Praxis, hrsg. von Pemsel-Maier, S., Ostfildern 2001, 106–117, 110.

[112] Vgl. auch ebd., 110.

[113] Das kirchliche Gesetzbuch für die katholischen Ostkirchen, der Codex Canonum Ecclesiarum Orientalium (= CCEO) von 1990, kennt die Ausnahmeregelung des c.517 §2 nicht. Er sieht nicht einmal vor, dass Laien bei der Ausübung der Hirtensorge mithelfen; denn in der Parallelbestimmung zu c.519 CIC werden die Laien nicht erwähnt (vgl. c.281 §1 CCEO). Ebenso fehlt im CCEO gänzlich die Bestimmung des c.529 §2 CIC, wonach der Pfarrer „den eigenen Anteil der Laien an der Sendung der Kirche anzuerkennen und zu fördern" hat. Die Mitarbeit von Laien in der Pfarrei ist nach dem ostkirchlichen Gesetzbuch lediglich bei der katechetischen Unterweisung vorgesehen (vgl. c.289 §1 CCEO; vgl. ähnlich auch c.528 §1 CIC).

[114] *Kehl*, Die Kirche (Anm. 107), 442, Anm. 59.

[115] Vgl. ebd., 444f.

[116] Ebd., 438.

[117] Vgl. dazu auch Memorandum: Für eine zukunftsfähige Kirche!, in: Der pastorale Notstand. Notwendige Reformen für eine zukunftsfähige Kirche, hrsg. von Fuchs, O., Greinacher, N., Steinkamp, H., Düsseldorf 1992, 112–125, 120, das sich gegen die „traditionelle priesterzentrierte Angebots- und Versorgungspastoral" wendet.

4
Für immer vom Weihesakrament ausgeschlossen – Die Frauenordination im Spiegel von Recht, Lehramt und Theologie

[118] Puza, R., Frau. VII. Kirchenrechtlich, in: LThK 4, Freiburg i.Br. 1995 (3. Auflage), 70f, 70.

[119] Vgl. z.B. Hildegard von Bingen (12. Jahrhundert); Mechthild von Magdeburg (13. Jahrhundert); Katharina von Siena (14. Jahrhundert); Katharina von Genua (15. Jahrhundert); Teresa von Avila (16. Jahrhundert).

[120] Sie widmeten sich vor allem der Armen- und Krankenpflege, lebten häufig von ihren handwerklichen Fertigkeiten und waren sehr unterschiedlich organisiert: Sie lebten als Nonnen im Kloster, aber auch als Beginen (=Lebensform zwischen Laientum und Ordensstand) wie auch als Reklusinnen (Rekluse bzw. Inkluse = gesteigerte Form der Einsiedelei, bei der ein verschlossener Raum nicht mehr verlassen wird). Viten, Briefe, Gedichte, Andachts- und Gebetsbücher sind Zeugnisse ihrer Spiritualität.

[121] Vgl. dazu Dinzelbacher, P., Mittelalterliche Frauenmystik, Paderborn 1993.

[122] Aymans, W., Mörsdorf, K., Kanonisches Recht I, Paderborn 1991, 35; vgl. auch Müller, G.L., Theologische Überlegungen zur Weiterentwicklung des Diakonats, in: MThZ 40 (1989), 129–143, 131.

[123] Bertone, T., Anmerkungen zur Rezeption lehramtlicher Dokumente und dem Problem des öffentlichen Dissenses, in: L'Osservatore Romano (deutsch) vom 21. Februar 1997/ Nr.8, S.10–12, 11.

[124] Aymans, W., Ius divinum – ius humanum. II. Kirchenrechtlich, in: LThK 5, Freiburg i. Br. 1996 (3. Auflage), 698f, 699.

[125] Vgl. Wagner, H., Zur Problematik des „ius divinum", in: TrThZ 88 (1979), 132–144, 134; Krämer, P., Theologische Grundlegung des kirchlichen Rechts. Die rechtstheologische Auseinandersetzung zwischen H. Barion und J. Klein im Licht des II. Vatikanischen Konzils, Trier 1977, 113; Huizing, P., „Göttliches Recht" und Kirchenverfassung, in: StZ 183 (1969), 162–173, 173.

[126] Rahner, K., Über den Begriff des „ius divinum" im katholischen Verständnis, in: Ders., Schriften zur Theologie V, Einsiedeln 1962, 249– 277, 252.

[127] Vgl. Riedel-Spangenberger, I., Gottesrecht und Menschenrecht. Zur Legitimation, Limitation und Normierung positiven kirchlichen Rechts, in: Theologia et ius canonicum. FS Heribert Heinemann, hrsg. v. Reinhardt, H.J.F., Wingen 1995, 99–109, 100; vgl. Huizing, „Göttliches Recht" (Anm. 125), 168f.

[128] Müller, Theologische Überlegungen (Anm. 122), 129; vgl. ähnlich auch Huizing, „Göttliches Recht" (Anm. 125), 168f; Pree, H., Zur Wandelbarkeit und Unwandelbar-

keit des Ius Divinum, in: Theologia et ius canonicum. FS Heribert Heinemann, hrsg. v. Reinhardt, H.J.F., Wingen 1995, 111–135, 132 und 135.

[129] Vgl. *Aymans/Mörsdorf*, Kanonisches Recht I (Anm. 122), 5; *Wagner*, Zur Problematik des „ius divinum" (Anm. 125), 141; *Pree*, Zur Wandelbarkeit (Anm. 128), 128.

[130] *Primetshofer, B.*, Recht, in: Neues Lexikon der christlichen Moral, hrsg. v. Rotter, H., Virt, G., Innsbruck–Wien 1990, 634–641, 636, mit Verweis auf K. Rahner.

[131] *Huizing*, „Göttliches Recht" (Anm. 125), 170.

[132] *Aymans/Mörsdorf*, Kanonisches Recht I (Anm. 122), 5.

[133] Ebd., 36f.

[134] Nicht haltbar ist die folgende Interpretation des c.1024: „Der Codex Iuris Canonici sagt im Kanon 1024, dass die heilige Weihe gültig nur ein getaufter Mann empfängt. Die Unterscheidung zwischen gültig und erlaubt entspricht genau derjenigen zwischen göttlichem und menschlichem Recht" (*Müller, G.L.*, Wer hat das letzte Wort? Eine Strategie und ihre Tücken: Zu der endlosen Forderung nach Einführung der Frauenweihe, in: Die Tagespost Nr. 12, 23. März 2002, 12f, 12). Denn die Unterscheidung zwischen gültig und erlaubt hat nichts mit der Unterscheidung zwischen göttlichem und menschlichem Recht zu tun. Vielmehr beziehen sich die kirchenrechtlichen Qualifizierungen eines Sachverhaltes als: *gültig* oder als: *gültig und erlaubt* oder als: *gültig, aber unerlaubt* oder schließlich als: *ungültig* (und damit natürlich auch unerlaubt) sowohl auf göttliches wie menschliches Recht.

[135] Die Gültigkeitskriterien dürfen also „nicht beliebig gestaltet" werden, wie *Ratzinger, J.*, Grenzen kirchlicher Vollmacht. Das neue Dokument von Papst Johannes Paul II. zur Frage der Frauenordination, in: IkaZ 23 (1994), 337–345, 338, völlig zu Recht herausstellt, sondern müssen stets dem Wesen des Sakraments Rechnung tragen. Deswegen müssen sie aber nicht „nur in ehrfürchtiger Treue weiter[ge]geben" werden, wie ebd. ausgeführt wird. Andernfalls wäre c.841 hinfällig und der teils große geschichtliche Wandel, der bei den Gültigkeitskriterien etlicher Sakramente wie z.B. der Buße und der Ehe festzustellen ist, theologisch nicht erklärbar.

[136] Sofern es nicht in §2 aufgenommen wird.

[137] Sofern es nicht in §1 aufgenommen ist.

[138] Gemeinsame Synode der Bistümer in der Bundesrepublik Deutschland. Offizielle Gesamtausgabe, Freiburg i.Br. 1985, Beschluß „Dienste und Ämter", 4.2.2., 597–636, 617.

[139] Vgl. z.B. Nachsynodales Apostolisches Schreiben „Christifideles laici" von Papst *Johannes Paul II.* über die Berufung und Sendung der Laien in Kirche und Welt, 30. Dezember 1988, in: Verlautbarungen des Apostolischen Stuhles 87, hrsg. vom Sekretariat der Deutschen Bischofskonferenz, Bonn 1988, Nr. 49–52, besonders 49.

[140] Apostolisches Schreiben von Papst *Johannes Paul II.* über die nur Männern vorbehaltene Priesterweihe, 22. Mai 1994, in: Verlautbarungen des Apostolischen Stuhles 117, hrsg. vom Sekretariat der Deutschen Bischofskonferenz, Bonn 1994, S. 47.

[141] Brief Papst *Johannes Pauls II.* an die Frauen (Anm. 85).

[142] Vgl. *Müller, H.*, Die Ordination, in: HdbKathKR, hrsg. v. Listl, J., Müller, H., Schmitz, H., Regensburg 1983, 715–727, 718; *Reininger*, Diakonat der Frau (Anm. 1), 607.

[143] Vgl. *Neuner, P.*, Ekklesiologie – Die Lehre von der Kirche, in: Glaubenszugänge. Lehrbuch der katholischen Dogmatik, Bd.2, hrsg. v. Beinert, W., Paderborn 1995, 401–578, 555.

[144] Vgl. ähnlich auch *Vries, J.*, Der Diakon. Kanonistische Anmerkungen zu seiner Weihe, verfassungsrechtlichen Position und kirchenamtlichen Funktion, in: Com-

munio in ecclesiae mysterio: FS W. Aymans, hrsg. v. Gehringer, Th., Schmitz, H., München 2001, 609–627, 623f zus. mit Anm. 89.

[145] *Vries*, ebd., 618, kritisiert diesen Vergleich als „funktionalistische Sicht ..., die dem sakramentalen Charakter des diakonalen Amtes nicht gerecht wird." Darüber hinaus weist er darauf hin, dass dieser Vergleich nicht in jeder Hinsicht stimmt. Denn „die liturgischen Funktionen des Diakons, wie sie in den liturgischen Büchern geregelt sind, etwa in der Eucharistiefeier, können in dieser Weise und in diesem Umfang nur vom Diakon (bzw. Priester) erfüllt werden. Die Homilie in der Eucharistiefeier, die wichtigste Form der Verkündigung im täglichen Leben der Gemeinde, ist dem Priester und dem Diakon vorbehalten (vgl. c.767). Gewisse Dispensvollmächte kommen nur dem Priester und dem Diakon zu (vgl. cc.1079 §§1–2 und 1080 i.V.m. cc.1108, 1111, 1116). Das Vornehmen bestimmter Segnungen (c.1169 §3 i.V.m. c.943) und die Spendung bestimmter Sakramentalien sind dem Priester und dem Diakon vorbehalten (vgl. c.1168 i.V.m. Rituale Romanum, De benedictionibus, Ed. typ. Typis Polyglottis Vaticanis 1985, Praenotanda generalia 18c). Auch die bestimmte liturgische Art und Weise der Segnungen sind dem Priester und Diakon vorbehalten" (ebd., Anm. 56).

[146] *Krämer, P.*, Kirchenrecht I. Wort – Sakrament – Charisma, Stuttgart 1992, 99, und *Lüdicke, K.*, in: MK CIC 1008/1, Rdn. 2 (1. Erg.-Lfg., August 1985), ziehen daraus die Schlussfolgerung: Insofern trifft auf den Diakon nicht die in c.1008 CIC allgemein getroffene Aussage zu, dass der geistliche bzw. geweihte Amtsträger „in der Person Christi, des Hauptes" handelt; denn wer nicht Vorsteher der Eucharistie sein kann, repräsentiert nicht Christus, das Haupt der Kirche.

[147] *Weiser, A.*, Diakon. I. Im Neuen Testament, in: LThK 3, Freiburg i.Br. 1995 (3. Auflage), 178f, 178.

[148] *Ansorge, D.*, Die wesentlichen Argumente liegen auf dem Tisch. Zur neueren Diskussion um den Diakonat der Frau, in: HK 47 (1993), 581–586, 581; vgl. *Hünermann, P.*, Diakonat – Ein Beitrag zur Erneuerung des kirchlichen Amtes?, in: Diakonia 5 (1974), 3–52, 34f; *Stritzky, M.B. von*, Der Dienst der Frau in der Alten Kirche, in: Liturgisches Jahrbuch 28 (1978), 136–154, 138f.

[149] „Ich empfehle euch unsere Schwester Phöbe, die Dienerin/Diakonin der Gemeinde von Kenchreä."

[150] Vgl. *Faber, E.-M.*, Diakon. II. Historisch-theologisch, in: LThK 3, Freiburg i.Br. 1995 (3. Auflage), 179–181, 179f.

[151] Vgl. *Ansorge*, Die wesentlichen Argumente (Anm. 148), 581.

[152] Der Begriff „Klerus" ist in der Alten Kirche noch nicht eindeutig definiert; er kann nur Bischof und Priester umfassen, aber auch Diakone, Subdiakone und Lektoren einbeziehen. Wurde der Klerikerstand nach c.108 CIC/1917 mit der ersten Tonsur begründet, so bildet nach c.266 §1 CIC/1983 der Empfang der Diakonatsweihe den Aufnahmeakt unter die Kleriker.

[153] Vgl. *Ansorge, D.*, Der Diakonat der Frau. Zum gegenwärtigen Forschungsstand, in: Liturgie und Frauenfrage: ein Beitrag zur Frauenforschung aus liturgiewissenschaftlicher Sicht, hsrg. v. Berger, T., Gerhards, A., St. Ottilien 1990, 31–66, 33; 42f, 47, 49.

[154] Ebd., 41; vgl. auch *Hünermann*, Diakonat (Anm. 148), 40f; *Stritzky*, Dienst der Frau (Anm. 148), 150; 152f; *Böttigheimer, C.*, Der Diakonat der Frau, in: MThZ 47 (1996), 253–266, 261.

[155] Vgl. *Ansorge*, Diakonat der Frau (Anm. 153), 41.

[156] Ebd., 42

[157] Vgl. *Martimort, A.-G.*, Les diaconesses, Essai historique, Rom 1982, 245f.

[158] Vgl. *Ansorge*, Diakonat der Frau (Anm. 153), 62; *Böttigheimer*, Diakonat der Frau (Anm. 154), 263.

[159] Vgl. *Niewiadomski, J.*, Notwendige, weil Not-wendende Diakoninnenweihe, in: ThPQ 4 (1996), 339–348, 342f.

[160] *Hauke, M.*, Diakonat der Frau?, in Forum katholische Theologie 12 (1996), 36–45, 38.

[161] Vgl. *Frohnhofen, H.*, Weibliche Diakone in der frühen Kirche, in: StZ 204 (1986), 269–278, 277.

[162] Vgl. *Hünermann*, Diakonat (Anm. 148), 21; *Ansorge*, Diakonat der Frau (Anm. 153), 5f; *Reininger*, Diakonat der Frau (Anm. 1), 145–147 und 158f sowie bes. 612–615; 622–628; dies., Diakoninnen – weibliche Diakone? Der Beitrag von Diakoninnen zur Diakonisierung der Kirche, in: Im Dienst der Gemeinde. Wirklichkeit und Zukunftsgestalt der kirchlichen Ämter, hrsg. v. Demel, S., Gerosa, L., Krämer, P., Müller, L., Münster 2002, 233–241, 237f.

[163] *Ansorge*, Die wesentlichen Argumente (Anm. 148), 585; vgl. *Hünermann, P.*, Diakonie als Wesensdimension der Kirche und als Spezifikum des Diakonats. Systematisch-theologischer Beitrag zur gegenwärtigen Situation, in: Diakonia 9 (1978), 3–22, 17; *Lehmann, K.*, „In allem wie das Auge der Kirche." 25 Jahre Ständiger Diakonat in Deutschland – Versuch einer Zwischenbilanz, in: Lebendiges Zeugnis 48 (1993), 175–191, 182f.

[164] Vgl. *Greshake, G.*, Diakon. V. Gegenwärtige Diskussion. 1. Zur Frage nach dem Wesen des Diakonats, in: LThK 3, Freiburg i.Br.1995 (3. Auflage), 183f, 183 ; *Reininger*, Diakonat der Frau (Anm. 1), 622; dies., Diakoninnen (Anm. 162), 239.

[165] *Hünermann*, Diakonat (Anm. 148), 33.

[166] Vgl. *Hilberath, B.J.*, Das Amt der Diakonin: ein sakramentales Amt? Ein Zugang von der Gemeinde her, in: Diakonat. Ein Amt für Frauen in der Kirche – Ein frauengerechtes Amt?, hrsg. v. Hünermann, P., Biesinger, A., Heimbach-Steins, M., Jensen, A., Ostfildern 1997, 212–218, 214–216, 218.

[167] *Hünermann*, Diakonie als Wesensdimension (Anm. 163), 17.

[168] *Ansorge*, Diakonat der Frau (Anm. 153), 61.

[169] Vgl. dazu *Weier, J.*, Der Ständige Diakon im Recht der lateinischen Kirche unter besonderer Berücksichtigung der Rechtslage in der Bundesrepublik Deutschland, Wingen 1989, 111–115; *Riedel-Spangenberger, I.*, Das Gewohnheitsrecht in der katholischen Kirche. Zur Spendung der Krankensalbung durch Diakone und Laien, in: TThZ 103 (1994), 188–201.

[170] *Reininger*, Diakonat der Frau (Anm. 1), 663.

[171] *Müller*, Theologische Überlegungen (Anm. 122), 142 (anders dagegen, allerdings ohne sich von seinen früheren Ausführungen zu distanzieren, ders., Können Frauen die sakramentale Diakonenweihe gültig empfangen?, in: Diakonat und Diakonissen, hrsg. v. Scheffczyk, L., München 2002, 67–106, 69: Als Hauptargumente gegen die Zulassung der Frau zum Diakonat werden die Einheit des Weihesakraments sowie die Unterscheidung zwischen Diakonissenweihe und Diakonenweihe geltend gemacht.); vgl. *Ansorge*, Diakonat der Frau (Anm. 153), 60; *Hünermann*, Diakonat, (Anm. 148), 41; *Böttigheimer*, Diakonat der Frau (Anm. 154), 262, 265.

[172] Vgl. dazu auch *Reininger*, Diakonat der Frau (Anm. 1), 651–653.

[173] *Hintersberger, B.*, Grundsätze für die Entfaltung des Diakonats, in: Diakonat – Ein Amt für Frauen in der Kirche – Ein frauengerechtes Amt?, hrsg. v. Hünermann, P., Biesinger, A., Heimbach-Steins, M., Jensen, A., Ostfildern 1997, 248–249, 248f,

die darüber hinaus ebd. ausführt: „Die bisherigen Erfahrungen berechtigen zu der hoffnungsvollen Erwartung, dass sich mit den Mustern des Zusammenarbeitens von Männern und Frauen auch Muster von Macht, Leitung, Dienst, Spiritualität, Pastoral, Sprache ... verändern, dass sich die Ämterstrukturen in unserer Kirche stärker zu communio-Strukturen entwickeln."

[174] Brief Papst *Johannes Pauls II.* an die Frauen (Anm. 85), Nr. 12.

[175] Nachsynodales Apostolisches Schreiben „Christifideles laici" (Anm. 139), Nr. 51, S. 83.

[176] Apostolisches Schreiben „Mulieris Dignitatem" von Papst *Johannes Paul II.* über die Würde und Berufung der Frau anlässlich des Marianischen Jahres, 15. August 1988, in: Verlautbarungen des Apostolischen Stuhles 86, hrsg. vom Sekretariat der Deutschen Bischofskonferenz, Bonn 1988, Nr. 30, S. 67.

[177] Erklärung der Kongregation für die Glaubenslehre zur Frage der Zulassung der Frauen zum Priesteramt „Inter Insigniores", 15. Oktober 1976, in: Verlautbarungen des Apostolischen Stuhls 117, hrsg. vom Sekretariat der Deutschen Bischofskonferenz, Bonn 1994, S. 11–29.

[178] Ebd., S. 13.

[179] Vgl. ebd., S. 13–21.

[180] Vgl. z.B. Heilung der blutflüssigen Frau: Mt 9,20ff; eine Sünderin trocknet Jesu Füße mit ihren Haaren: Lk 7,37ff; Gespräch mit einer Samariterin am Jakobsbrunnen: Joh 4,27; Jesus und die Ehebrecherin: Joh 8,11.

[181] Vgl. *Kehl*, Kirche (Anm. 107), 452.

[182] Erklärung der Kongregation für die Glaubenslehre zur Frage der Zulassung der Frauen zum Priesteramt (Anm. 177), 23.

[183] Vgl. ebd., 23f.

[184] Vgl. *Müller, G.L.*, Theologische Überlegungen (Anm. 122), 142; ders., Kann nur der getaufte Mann gültig das Weihesakrament empfangen? Zur Lehrentscheidung in ‚Ordinatio sacerdotalis', in; Frauen in der Kirche: Eigensein und Mitverantwortung, hrsg. v. Müller, G.L., Würzburg 1999, 278–356, 299–313; 354f; siehe dazu auch „Inter insigniores" (Anm. 177), S. 17 zusammen mit dem Kommentar S. 43f.

[185] Apostolisches Schreiben von Papst *Johannes Paul II.* über die nur Männern vorbehaltene Priesterweihe (Anm. 140), S. 4–7, S. 6, Nr. 4.

[186] Ebd. S. 6, Nr. 4. Vgl. den Originaltext zusammenhängend abgedruckt S. 83 (Text zur Anm. 193) dieser Arbeit

[187] *Lüdecke, N.*, Also doch ein Dogma? Fragen zum Verbindlichkeitsanspruch der Lehre über die Unmöglichkeit der Priesterweihe für Frauen aus kanonistischer Perspektive, in: TrThZ 105 (1996), 161–211, 185, macht darauf aufmerksam, dass das Hauptthema des Responsums nicht die Frage ist, ob die Lehre von Ordinatio sacerdotalis endgültig ist oder nicht, sondern dass die Endgültigkeit des Dokuments vielmehr vorausgesetzt wird und „nur" nach dem Grund bzw. nach dem Objekt der Endgültigkeit gefragt wird. „Wie der Kommentar zum Responsum einleitend bemerkt, wird gefragt: Aus welchem Grund ist die Lehre als definitiv verpflichtend zu betrachten? Auf Grund göttlicher Autorität oder (nur) auf Grund kirchlicher Autorität?" Die Antwort der Glaubenskongregation auf die gestellte Frage kritisiert *Torell, J.-P.*, Die Verbindlichkeit von ‚Ordinatio sacerdotalis'. Zur Hermeneutik lehramtlicher Dokumente, in: Frauen in der Kirche: Eigensein und Mitverantwortung, hrsg. v. Müller, G.L., Würzburg 1999, 357–379, 376, völlig zu Recht wie folgt: „Der aufmerksame Leser wird bemerken, dass das Dokument der Kongregation sehr viel affirmativer und expliziter ist als das des Papstes. Es erklärt, dass die Lehre zum Glaubensgut gehöre,

während das Dokument des Papstes dies nicht tut. Wenn das aber zuträfe, dann hätten wir diese Lehre zu ‚glauben' im strengen Sinne des Wortes, während der Text nur von ‚endgültiger Zustimmung' spricht. Von früheren Dokumenten her waren wir mehr Klarheit und Kohärenz gewohnt." Dementsprechend lautet das Fazit von *Torell*, ebd., S. 379: „Sicher sind die katholischen Theologen gehalten, dem Schreiben Ordinatio sacerdotalis respektvoll zu gehorchen und ihm in dem Maße und auf die Weise zuzustimmen, wie es gefordert ist – wobei es schwierig ist, dies genauer festzulegen. Dieser Gehorsam ist allerdings aufgrund des Apostolischen Schreibens selbst zu leisten, nicht aufgrund des Responsum der Kongregation, das uns die lehramtliche Tragweite des Schreibens Papst Johannes Paul II. ungebührlich auszuweiten scheint."

[188] L'Osservatore Romano (deutsch) vom 24. November 1995/ Nr. 47, S. 4.

[189] *Pree, H.*, Die Meinungsäußerungsfreiheit als Grundrecht des Christen, in: Recht als Heilsdienst. FS M. Kaiser, hrsg. v. Schulz, W., Paderborn 1989, 42–85, 81; vgl. auch *Kasper, W.*, Die Funktion der Theologie in der Kirche, in: Die Zukunft der Kirche. Berichtband des Concilium-Kongresses 1970, Zürich 1971, 45–52, 50: Der Dienst der Theologin und „des Theologen für das Glaubensverständnis der Kirche, wie die eng damit zusammenhängende Aufgabe der wissenschaftlichen Forschung lassen sich nur in Freiheit erfüllen. Dabei geht es nicht um subjektive Willkür und Ungebundenheit, nicht um Freiheit von der Kirche und von der Wahrheit, sondern um Freiheit für die Kirche und für die Wahrheit."

[190] *Kehl*, Kirche (Anm. 107), 450.

[191] Zu den verschiedenen Verpflichtungsgraden lehramtlicher Texte und den entsprechenden Gehorsamsformen vgl. *Demel, S.*, Mitmachen – Mitreden – Mitbestimmen (Anm. 80), 49–57.

[192] Vgl. *Mussinghoff, H.*, in: MK CIC 749/3, Rdn.4 (30. Erg.-Lfg., Dezember 1998); *Schmitz, H.*, „Professio fidei" und „iusiurandum fidelitatis". Glaubensbekenntnis und Treueid – Wiederbelebung des Antimodernisteneides?, in: AfkKR 157 (1988), 353–429, 411f; *Aymans, W.*, Begriff, Aufgabe und Träger des Lehramtes, in: HdbKathKR, hrsg. v. Listl, J., Müller, H., Schmitz, H., Regensburg 1999 (2. Auflage), 659–669, 662f.

[193] Apostolisches Schreiben vom Papst *Johannes Paul II.* über die nur Männern vorbehaltene Priesterweihe (Anm. 140), S. 6, Nr. 4b.

[194] Vgl. auch *Lüdecke*, Also doch ein Dogma (Anm. 187), 180: „Der Papst spricht auch nicht als ‚Hirt und Lehrer aller Gläubigen', nimmt nicht die höchste Form seiner Amtskompetenz in Anspruch, sondern richtet sich an seine Brüder im Bischofsamt. Durch diese Nichtbeanspruchung der päpstlichen Höchstkompetenz fehlt ein für die ‚ex-cathedra'- Qualität wesentliches Formalerfordernis nach c.749 §1 CIC."

[195] *„Can.750 – §2. Fest anzunehmen und zu bewahren ist auch alles und jedes, was bezüglich der Glaubens- und Sittenlehre vom Lehramt der Kirche endgültig vorgelegt wird, nämlich was zur unversehrten Bewahrung und getreuen Auslegung des Glaubensgutes erforderlich ist; deshalb widerspricht der Lehre der katholischen Kirche, wer solche endgültig zu haltende Lehren ablehnt."*

[196] Vgl. dazu auch *Torell*, Verbindlichkeit von ‚Ordinatio sacerdotalis' (Anm. 187), 371: „Es ist in der Tat bemerkenswert, dass der Papst sich hier nicht auf den Glauben beruft; er begnügt sich damit, seinen Willen zum Ausdruck zu bringen, dass sich alle Gläubigen ‚endgültig' (definitive) an diese Position zu halten haben. Warum drückt er sich nicht präziser aus?"

[197] Vgl. ebenso *Ratzinger*, Grenzen kirchlicher Vollmacht (Anm. 135), 342: „Ist das nun ein Dogmatisierungsakt? Darauf ist zu antworten, dass der Papst keine neue dogma-

tische Formel setzt, sondern eine Gewissheit bekräftigt, die in der Kirche beständig gelebt und festgehalten wurde. In der Fachsprache müsste man sagen: Es handelt sich um einen Akt des ordentlichen Lehramtes des Papstes, nicht um eine feierliche Definition ‚ex cathedra'...."
[198] *Lüdecke,* Also doch ein Dogma (Anm. 187), 178, setzt bei der Kommentierung von c.749 § 3 zunächst ohne jegliche Begründung einfach „unfehlbar" mit „definitiv" gleich bzw. ersetzt das Adjektiv „unfehlbar" durch „definitiv" und erläutert dann: „Bleiben Zweifel und sind Interpretationen notwendig, um zu ermitteln, ob eine Lehre als definitiv vorgelegt ist, gilt sie als nicht-definitv. Eine bloße Bestreitung der Definitivität reicht indes nicht aus. Es muss sich um einen begründeten Zweifel am Grad der Verbindlichkeit handeln. Der Zweifel muss am Wortlaut der in Rede stehenden Lehre oder ihrer Vorlage begründbar sein." Zumindest zwei Dinge sind hier schwer nachvollziehbar: 1. Warum findet überhaupt ein Austausch von Begriffen statt und dann noch so, dass der rechtlich eindeutige Ausdruck „unfehlbar" durch den mehrdeutigen Begriff „definitiv" ausgetauscht wird? *Lüdecke,* ebd., 183, behauptet dagegen im Anschluss an Heribert Schmitz: „‚Definitive' ist ein lehrrechtlicher ‚terminus technicus': Er bedeutet unzweifelhaft abschließende, letzte, unumstößliche Gültigkeit." 2. Lüdecke benötigt sage und schreibe 50 Seiten, um die in der Wissenschaft erhobenen Zweifel an dem Grad der unfehlbaren Verbindlichkeit der Lehre von „Ordinatio sacerdotalis" weg zu interpretieren, um am Ende seiner Darlegungen zu dem Ergebnis zu kommen, dass die Lehre von „Ordinatio sacerdotalis" als *klar* unfehlbar vorgelegt zu betrachten ist (vgl. ebd., 207f). Wie passt dieses Ergebnis mit seiner eigenen Erläuterung zusammen, dass eine Lehre dann nicht definitiv – und damit gleichbedeutend: unfehlbar – vorgelegt ist, wenn Interpretationen, und dazu noch so ausführliche Interpretationen, notwendig sind?
[199] Zur rechtlichen Bedeutung der Approbation vgl. S. 108ff. Nicht zutreffend ist die folgende Auffassung: „Wie Inter insigniores hat auch die Responsio aufgrund ihrer Approbation durch Papst *Johannes Paul II.* ihre verbindliche Geltung erhalten. Sie ist wie Inter insigniores ein Akt des ordentlichen päpstlichen Lehramtes" (*Waldenfels, H.,* Zum Verbindlichkeitsgrad von *Inter insigniores* und *Ordinatio sacerdotalis* und ihren dogmatischen Positionen, in: Projekttag Frauenordination, hrsg. v. Dassmann, E., Fürst, W., u.a., Bonn 1997, 20–38, 23).
[200] Vgl. ähnlich auch *Örsy, L.,* The Congregation's ‚Response': Its Authority and Meaning, in: America 9.12.1995, 4f, der betont, dass das Responsum der Glaubenskongregation dem päpstlichen Schreiben „Ordinatio sacerdotalis" nichts an neuer Verbindlichkeit hinzufügt, zumal ein nichtunfehlbares Organ des Apostolischen Stuhles kraft eigener Autorität keine Macht hat, das Gewicht einer päpstlichen Aussage zu modifizieren.
[201] *Hoping, H.,* Der Ausschluss von kirchlichen Weiheämtern aufgrund des Geschlechts. Ein kirchlicher Modernitätskonflikt, in: Gleichstellung der Geschlechter und die Kirchen. Ein Beitrag zur menschenrechtlichen und ökumenischen Diskussion, hrsg. v. Buser, D., Loretan, A., Freiburg (Schweiz) 1999, 38–51, 46; vgl. auch Frauenordination und Tradition. Stellungnahme der „Catholic Theological Society of America", in: HK 51 (1997), 414–419, 418f.
[202] In diesem Sinn führt auch *Waldenfels, H.,* „Unfehlbar". Überlegungen zur Verbindlichkeit christlicher Lehre, in: StZ 214 (1996), 147–159, 150, aus: Es muss „erlaubt sein, hinsichtlich dieser ‚endgültig verbindlichen Übereinkunft' sowohl die Quaestio

Anmerkungen

facti zu stellen, also die Frage, ob die Bischöfe wirklich in einer bestimmten Lehre übereinstimmen, als auch die Quaestio iuris, also die Frage, ob sie eine bestimmte Lehre wirklich als unwiderrufliche und somit definitive Lehraussage verkünden." Und ebd., 152, stellt er fest: „Insofern auch diese ‚endgültige verbindliche Übereinkunft' der Bischöfe – über die Sachfrage hinaus – eine historisch aufzuweisende Tatsache sein muss, müsste sie sich als solche nachweisen lassen und nachgewiesen werden. Wenn nicht alles täuscht, deutet aber vieles darauf hin, dass die Frage der Frauenordination in dieser Weise bis in unsere Tage kaum gestellt worden ist, ja, dass es bei genauerer Prüfung der theologischen Reflexionen eher auch gegenläufige Überlegungen gegeben hat."
Ähnlich gibt *Torell*, Verbindlichkeit von ‚Ordinatio sacerdotalis' (Anm. 187), 377–379, zu bedenken: Zwar spricht nicht nur die Glaubenskongregation, sondern auch der Papst von einer *beständigen und universalen Überlieferung* der Kirche beim Ausschluss der Frau vom Weihesakrament, und der Papst beruft sich dabei auch noch explizit auf das Lehramt ‚in den Dokumenten der jüngeren Vergangenheit'. Aber „der Ehrlichkeit halber ist hier zu sagen, dass dies uns nicht in eine ferne Vergangenheit zurückführt und dass diese jüngeren Lehräußerungen weniger vom ordentlichen und universalen Lehramt als vielmehr vom authentischen Lehramt des Papstes ausgehen. Lässt sich also ohne Missbrauch der Sprache sagen, diese Lehre sei ‚vom ordentlichen und universalen Lehramt unfehlbar vorgetragen worden'? Wir kommen der historischen Wahrheit zweifellos näher, wenn wir sagen: Es handelt sich um eine Praxis, die sich von der frühesten Zeit an rasch durchsetzte und nur wenige Ausnahmen gekannt hat. Ferner hat der Umstand, dass diese Praxis bis in die jüngste Zeit nicht angefochten war, das Eingreifen des Lehramtes in dieser Sache nicht erforderlich gemacht. Andererseits sind nun aber die Fragen unserer Zeit in den letzten fünfzig Jahren laut geworden, und den wiederholten Erklärungen des Lehramtes ist es weder gelungen, die Kritik zum Schweigen zu bringen, noch die Zweifel der Theologen im Hinblick auf den verpflichtenden Charakter dieser Lehre zu beheben."
Anderer Auffassung ist dagegen *Aymans, W.*, Veritas de fide tenenda. Kanonistische Erwägungen zu dem Apostolischen Schreiben ‚Ordinatio sacerdotalis' im Lichte des Motu proprio ‚Ad tuendam fidem', in: Frauen in der Kirche: Eigensein und Mitverantwortung, hrsg. v. Müller, G.L., Würzburg 1999, 380–398, 398: „Die Kirche hat in der Kontinuität ihrer Geschichte durch ihr tatsächliches Verhalten bezeugt, dass sie die Auswahl von Männern zu dem apostolischen Dienst nicht als eine zeitbedingte, sondern als eine bewusste Handlungsweise des Herrn verstanden hat. Die Überlieferung dieses Verständnisses ist durch das ordentliche und universale Lehramt erfolgt, jedoch vorzüglich nicht durch entsprechende Lehrvorlagen, sondern durch Verhalten. Das bedeutet jedoch nicht einen inneren Mangel der Überlieferung, denn Lehrvorlagen werden hauptsächlich zur Klarstellung bestehender Auffassungsunterschiede im Glaubensverständnis herausgefordert. Deshalb ist ein kontinuierliches Verhalten auch und gerade, wenn es nur wenig oder nicht von entsprechenden Lehrvorlagen begleitet ist, um so mehr Ausdruck eines unbestrittenen Verständnisses von in der Offenbarung wurzelnden Sachverhalten. Papst Johannes Paul II. hat in Wahrnehmung seines nicht definierenden authentischen Lehramtes diese Bewertung der Glaubensgeschichte der Kirche bestätigt und bekräftigt. Die endgültige Bindung an diesen Aspekt im Verständnis des priesterlichen Amtes erwächst nicht aus der päpstlichen Bekräftigung, sondern aus der Überlieferung des ordentlichen und universalen Lehramtes."
Auch für *Lüdecke*, Also doch ein Dogma (Anm. 187), 207f, bedarf es eines solchen

138

Nachweises des übereinstimmenden Urteils der Bischöfe nicht, da das päpstliche Lehramt seit Mitte der 1970er Jahre verbindlich verkündet, dass aus Treue zu Christus Frauen nicht zur Priesterweihe zugelassen werden können, und von keinem Bischof dieser Lehre selbst oder ihrer Unwiderruflichkeit widersprochen worden ist. Demzufolge ist „Ordinatio sacerdotalis" ein Akt des Papstes, mit dem er die bereits aufgrund des Lehrkonsenses des Bischofskollegiums gegebene Unfehlbarkeit offenkundig macht. „Der Papst ist davon überzeugt, dass der Gesamtepiskopat – jedenfalls ohne konsensgefährdende Ausnahmen – sowohl in der Ablehnung der Priesterweihe für Frauen übereinstimmt, als auch darin, dass die Kirche hier zu einer Positionsänderung nicht befugt ist. Er hat keinen Zweifel daran, dass die in c.749 §2 CIC geforderte Lehrübereinstimmung gegeben und die Lehre von OS [= Ordinatio sacerdotalis] damit bereits unfehlbar ist. Deshalb sah er keine Notwendigkeit zu einer umfassenden Befragung der Bischöfe" (ebd., 207). „Mit OS wurde das ordentliche und universale Lehramt der über die Welt verteilten Bischöfe für die Unfehlbarkeit einer Lehre in Anspruch genommen" (ebd., 208).

Die Argumentationen von Lüdecke und Aymans überzeugen nicht, da sie nur einen negativen Nachweis des Nichtwiderspruchs von Seiten des Gesamtepiskopats erbringen, nicht aber einen positiven Nachweis der Lehrübereinstimmung aller Bischöfe in der Form eines übereinstimmenden „Urteils", wie es c.749 §2 verlangt, und zwar aufgrund von c.749 §3 als unabdingbar verlangt. So führt auch Mussinghoff, H., in: MK CIC 749/3 Rdn.3b (30. Frg.-Lfg. Dezember 1998), aus, dass das nach c.749 §2 erforderliche definitiv verpflichtende Urteil der Bischöfe „nicht als Umfrage abgefragt sein kann, sondern, in der Anfrage erkennen lassen muss, dass hier der einzelne Bischof als authentischer Lehrer und Richter des Glaubens gefragt ist und mit seiner Antwort zu diesem kollegialen Akt gerufen ist."

[203] Vgl. ähnlich auch Waldenfels, Zum Verbindlichkeitsgrad (Anm. 199), 43: „Weder Inter insigniores noch Ordinatio sacerdotalis sind Dokumente, die formell den Anspruch auf Unfehlbarkeit erheben, auch wenn die Responsio den Inhalt der Lehre ausdrücklich als ‚definitive tenenda' bzw. als ‚unfehlbar vorgetragen' bezeichnet." Siehe auch Wohlmuth, J., Darstellung und Beurteilung der wichtigsten Inhalte und der Argumentationsstruktur der beiden Dokumente „Ordinatio sacerdotalis" (1994) und „Inter insigniores" (1976), in: Projekttag Frauenordination, hrsg. v. Dassmann, E., Fürst, W., u.a., Bonn 1997, 1–19, 6.

[204] Siehe hierzu ausführlich Pottmeyer, H.J., Auf fehlbare Weise unfehlbar? Zu einer neuen Form päpstlichen Lehrens, in: StZ 217 (1999), 233–242.

[205] Vgl. ähnlich Pottmeyer, H.J., Refining the Question about Women's Ordination. in: America 1996 (October 26), 16–18, 17: „If he (the pope) wished to give tradition its full weight, and for this reason used only his ordinary and not his extraordinary teaching authority, then he wished the theological discussion to continue, provided the proper conditions were observed."

[206] Kehl, Kirche (Anm. 107), 454f; vgl. Beinert, W., Dogmatische Überlegungen zum Thema Priestertum der Frau, in: ThQ 173 (1993), 186–204, 192; Neuner, P., Ekklesiologie (Anm. 143), 401–578, 554; Wohlmuth, Darstellung und Beurteilung (Anm. 203), 14 und 18; Merklein, H., Zur Stichhaltigkeit der exegetischen Begründungsverfahren in „Inter insigniores" und „Ordinatio sacerdotalis", in: Projekttag Frauenordination, hrsg. v. Dassmann, E., Fürst, W., u.a., Bonn 1997, 39–51, 43f; Werbick, J., Kirche: Ein ekklesiologischer Entwurf für Studium und Praxis, Freiburg i.Br., 1994, 208f; Hoping, Ausschluss von kirchlichen Weiheämtern (Anm. 201), 43; Raming, I., Priesteramt der

Frau – Geschenk Gottes für eine erneuerte Kirche. Erweiterte Neuauflage von „Der Ausschluß der Frau vom priesterlichen Amt" (1973) mit ausführlicher Bibliographie (1974–2001), Münster 2002, 18*; *Legrand, H.*, Die Frage der Frauenordination aus der Sicht katholischer Theologie. „Inter insigniores" nach zehn Jahren, in: Warum keine Ordination der Frau? Unterschiedliche Einstellungen in den christlichen Kirchen, hrsg. von Gößmann, E., Bader, D., Freiburg 1987, 89–111, 96f.

[207] Für *Merklein*, Zur Stichhaltigkeit (Anm. 206), 44, ist „das gesamte Schlußverfahren, das aus historischen Beobachtungen auf eine nahezu ontologische Struktur der Kirchenkonstitution schließen will, in sich höchst fragwürdig. Zu welchem Unsinn ein solches Verfahren führen könnte, sei rein fiktiv an einem neutralen Beispiel verdeutlicht: Jesus hat nur Juden in den Zwölferkreis berufen; da er sich ansonsten auch Heiden zugewandt habe, könne die Auswahl von Juden nicht als Anpassung an die Gewohnheiten seiner Zeit erklärt werden, sondern müsse als bewusste Setzung verstanden werden, sodass für alle Zukunft nur Juden zum Priesteramt zugelassen werden können."

[208] Vgl. *Kehl*, Kirche (Anm. 107), 455.

[209] *Rahner, K.*, Priestertum der Frau?, in: StZ 195 (1977), 291–301, 295; vgl. auch *Schavan, A.*, Amt. XII. Frau und kirchliches Amt: 3. Systematisch, in: LThK 1, Freiburg i.Br. 1993 (3. Auflage), 559-561; *Werbick*, Kirche (Anm. 206), 208; *Hünermann, P.*, Schwerwiegende Bedenken. Eine Analyse des Apostolischen Schreibens „Ordinatio Sacerdotalis", in: HK 48 (1994), 406–410, 408f; sowie ders., in: Frauenordination. Stand der Diskussion der katholischen Kirche, hrsg. v. Groß, W., München 1996, 120–127, 123f; *Dassmann, E.*, Non decet neque necessarium est ... . Die frühchristliche Tradition über den Ausschluß der Frauen vom Priesteramt und dem Dienst der Verkündigung, in: Projekttag Frauenordination, hrsg. v. Dassmann, E., Fürst, W., u.a., Bonn 1997, 52–65, 62.

[210] *Legrand, H.*, Die Frage der Frauenordination (Anm. 206), 95.

[211] *Beinert*, Dogmatische Überlegungen (Anm. 206), 203.

[212] Vgl. dazu exemplarisch die folgenden Aussagen des kirchlichen Gesetzbuches CIC/1983:
„*Can. 1055 – §1. Der Ehebund, durch den Mann und Frau unter sich die Gemeinschaft des ganzen Lebens begründen, welche durch ihre natürliche Eigenart auf das Wohl der Ehegatten und auf die Zeugung und die Erziehung von Nachkommenschaft hingeordnet ist, wurde zwischen Getauften von Christus dem Herrn zur Würde eines Sakramentes erhoben.*"
„*Can. 1135 – Beide Ehegatten haben gleiche Pflicht und gleiches Recht bezüglich der Gemeinschaft des ehelichen Lebens.*" Vgl. hierzu auch S. 38 dieser Arbeit.

[213] *Werbick*, Kirche (Anm. 206), 213; vgl. *Beinert*, Dogmatische Überlegungen (Anm. 206), 196f; *Raming*, Priesteramt der Frau (Anm. 206), 4* und 206–208.

[214] *Kehl*, Die Kirche (Anm. 107), 457; ähnlich auch schon *Rahner*, Priestertum der Frau (Anm. 209), 298; vgl. *Raming*, Priesteramt der Frau (Anm. 206), 212f; *Wohlmuth*, Darstellung und Beurteilung (Anm. 203), 13 und 18; *Hoping*, Ausschluss von kirchlichen Weiheämtern (Anm. 201), 42; *Nocke, F.-J.*, Spezielle Sakramentenlehre, in: Handbuch der Dogmatik, Bd. 2, hrsg. v. Schneider, T., Düsseldorf 2000, 226–376, 359; *Beinert*, Dogmatische Überlegungen (Anm. 206), 197.

[215] Vgl. DS/DH 301: „In der Nachfolge der heiligen Väter also lehren wir alle übereinstimmend, unseren Herrn Jesus Christus als ein und denselben Sohn zu bekennen: derselbe ist vollkommen in der Gottheit und derselbe ist vollkommen in der Menschheit; derselbe ist wahrhaft Gott und wahrhaft Mensch aus vernunftbegabter Seele und Leib; ... ."

[216] *Raberger, W.*, „Ordinationsfähigkeit der Frau?, in: ThPQ 4 (1996), 398–411, 404f;

vgl. *Beinert*, Dogmatische Überlegungen (Anm. 206), 200; *Merklein*, Zur Stichhaltigkeit (Anm. 206), 50.

Monophysitismus ist die Ein-Naturenlehre in Abhebung zur Zwei-Naturenlehre: Jesus Christus ist nicht wahrer Gott und wahrer Mensch, sondern nur wahrer Gott, weil bei der Vereinigung bzw. Einung von göttlicher Natur und menschlicher Natur die Eigenständigkeit der menschlichen von der göttlichen Natur verschlungen worden ist.

[217] *Raming, I.*, Priesteramt für Frauen: eine Forderung der Gerechtigkeit und Anerkennung ihres Christseins, in: KatBl 4 (1995), 296–299, 297; vgl. *Mieth, D.*, Haben Frauen ein Recht auf das Priestertum?, in: ThQ 173 (1993), 242–244, 244; ähnlich auch schon *Rahner*, Priestertum der Frau (Anm. 209), 298; ebenso *Legrand*, Die Frage der Frauenordination (Anm. 206), 105; *Hoping*, Ausschluss von kirchlichen Weiheämtern (Anm. 201), 46f; *Loretan, A.*, Frauen in kirchlichen Ämtern. Eine rechtliche Standortbestimmung, in: Gleichstellung der Geschlechter und die Kirchen. Ein Beitrag zur menschenrechtlichen und ökumenischen Diskussion, hrsg. v. Buser, D., Loretan, A., Freiburg (Schweiz) 1999, 52–70, 64; ebd., 66; *Werbick*, Kirche (Anm. 206), 210f.
Hünermann, P., Lehramtliche Dokumente zur Frauenordination, in: Frauenordination. Stand der Diskussion in der katholischen Kirche, hrsg. v. Groß, W., München 1996, 83–96, 95, führt zu Recht aus: Wenn „die wesentliche Gleichstellung von Mann und Frau bejaht [wird], dann kann sich die symbolhafte Repräsentanz nur noch auf die biologische Übereinstimmung der Geschlechtsmerkmale zwischen Jesus und dem männlichen Priester beziehen. Die anthropologische Breite in der Sicht der sakramentalen Repräsentanz wird damit in einer ganz ungewöhnlichen Weise eingeschränkt, die vom modernen Menschen als sexistisch empfunden wird."

[218] Vgl. Tag des Herrn. Katholische Wochenzeitung. Ausgabe des Bistums Magdeburg 7 (52), 17. Februar 2002, 4, der hier die Auffassung von Eva-Maria Faber, Dogmatikerin von Chur wiedergibt; ähnlich auch *Faber, E.-M.*, „Ecclesia de Eucharistia". Die Enzyklika Papst Johannes Paul II. zum Gründonnerstag 2003, in: Theologie und Seelsorge (= Internetzeitschrift der Theologischen Hochschule Chur), 19.4.2003: http://www.thchur.ch/Theologie_und_Seelsorge/theologie_und_seelsorge.html S. 1–8, 5 (Stand: 30.04.2004); vgl. auch Loretan, Frauen in kirchlichen Ämtern (Anm. 217), 62f.

[219] Vgl. *Böttigheimer, C.*, Die Krise des Amtes – eine Chance der Laien?, in: StZ 4 (1998), 266–278, 276; Memorandum: Für eine zukunftsfähige Kirche!, (Anm. 117), 121f.

[220] Kommission für Glauben und Kirchenverfassung des Ökumenischen Rates der Kirchen, Taufe, Eucharistie und Amt. Konvergenzerklärungen der Kommission für Glauben und Kirchenverfassung des Ökumenischen Rates der Kirchen („Lima-Dokument") 1982, in: DwÜ Bd. 1, 545–585, 573.

[221] *Nocke*, Spezielle Sakramentenlehre (Anm. 214), 358.

[222] Vgl. *Beinert*, Dogmatische Überlegungen (Anm. 206), 189.

[223] *Kehl*, Kirche (Anm. 107), 453.

[224] *Rahner*, Priestertum der Frau (Anm. 209), 301.

[225] *Hoping*, Ausschluss von kirchlichen Weiheämtern (Anm. 201), 48, unter Hinweis auf die lehramtlichen Dokumente zur Religions- und Gewissensfreiheit: „Syllabus errorum" (DS/DH 2915–2918); „Immortale Dei" (DS/DH 3176); „Dignitatis humanae" (DS/DH 4240–4243); vgl. *Waldenfels*, „Unfehlbar" (Anm. 202), 152f, der u.a. auf den Wandel des Grundsatzes hinweist, dass niemand außerhalb der katholischen Kirche des ewigen Lebens teilhaft werden kann. Dieser Grundsatz war seinerzeit mit folgenden höchst verbindlichen Worten eingeleitet worden: „ [Die Kirche] glaubt fest, be-

Anmerkungen

kennt und verkündet, dass …" (DS/DH 1351); *Wohlmuth, Darstellung und Beurteilung* (Anm. 203), 17.

[226] Der zeitliche Ablauf sowie alle Schreiben der Glaubenskongregation und der betroffenen Frauen sind dokumentiert unter: http://www.virtuelle-dioezese.de (Stand: 30.04.2004).

[227] *„Can. 1319 – §1. Soweit jemand kraft Leitungsgewalt im äußeren Forum Verwaltungsbefehle erlassen kann, kann er durch Verwaltungsbefehl auch bestimmte Strafen androhen, ausgenommen Sühnestrafen für immer.*"

[228] *„Can. 1342 – §1. Sooft gerechte Gründe der Durchführung eines gerichtlichen Verfahrens entgegenstehen, kann die Strafe durch außergerichtliches Dekret verhängt oder festgestellt werden; …"*

[229] In: L'Osservatore Romano vom 11. Juli 2002, S. 6 (in Originalsprache italienisch); in deutscher Übersetzung abgedruckt in: L'Osservatore Romano (deutsch) vom 19. Juli 2002, S. 1, ebenso in: AfkKR 171 (2002) 467f, und in: http://www.virtuelle-dioezese.de (Stand: 30.04.2004).

[230] *„Can. 1329 – §1. Diejenigen, die durch gemeinsame Planung einer Straftat an einer Straftat mitwirken und im Gesetz oder im Verwaltungsbefehl nicht ausdrücklich genannt sind, werden, wenn gegen den Haupttäter Spruchstrafen festgesetzt sind, den gleichen oder anderen Strafen derselben oder geringerer Schwere unterworfen.*
§2. Die Mittäter, die im Gesetz oder im Verwaltungsbefehl nicht genannt werden, ziehen sich die für eine Straftat angedrohte Tatstrafe zu, wenn ohne ihr Handeln die Straftat nicht begangen worden wäre und die Strafe derart ist, dass sie sie selbst treffen kann; andernfalls können sie mit Spruchstrafen belegt werden."

[231] Unter rechtssprachlichem Aspekt müsste die in §2 genannte Mittäterschaft genau genommen unterschieden werden als Mittäterschaft im strengen Sinn, bei der der Tatbeitrag des Mittäters dem des Täters gleichwertig ist, und in einem weiteren Sinn, worunter die Mittäterschaft mit einem wichtigen, aber dem Täterbeitrag untergeordneten Tatbeitrag zu verstehen ist.

[232] Vgl. dazu auch Anm. 259 dieser Arbeit.

[233] *Lüdicke, K.*, Schutz durch das Recht? Exkommunikation von Frauen aufgrund Empfanges der Priesterweihe, in: Orientierung 66 (2002), 178–181, 180, weist zunächst darauf hin, dass vom Text her kein Strafdekret im Sinne des c.1319 vorliegt, da sich der Text selbst vielmehr charakterisiere „als die nach can.1347 §1 geforderte Mahnung, von der Auflehnung gegen die Rechtsordnung abzulassen, eine Mahnung, ohne die eine Beugestrafe (wie die Exkommunikation) weder verhängt noch deklariert werden kann." Im Anschluss daran prüft Lüdicke allerdings doch, „ob eine Auslegung als Strafbefehl möglich ist." Er kommt zu einem negativen Ergebnis, das er wie folgt entwickelt hat: „Angedroht wäre die Exkommunikation als Tatstrafe. Bedrohtes Verhalten kann nur etwas sein, was nach dem Erlaß des Strafbefehls geschieht. Das geht daraus hervor, dass auf eine Straftat nur das Gesetz angewendet werden kann, das zur Zeit der Tat galt (bzw. das dem Täter günstigste). Dieser Grundsatz gilt auch für Strafbefehle: Wenn es zur Zeit der Tatbegehung noch keinen Strafbefehl gab, kann er auch keine Strafe rechtfertigen. Tatbestand einer Strafdrohung durch praeceptum könnte dann nur sein, die Anerkennung der Nichtigkeit der ‚Weihen' zu unterlassen und sich nicht reuig zu zeigen – ein ‚Unterlassungsdelikt' also. Eine derart mühsame Auslegung der Texte verbietet sich wohl, zumal das Exkommunikationsdekret das Unterlassen als Vorbedingung für den Eintritt der Strafe ansieht und nicht als den Tatbestand, für den es sich auf das Monitum zurückbezieht." Diese Argumentation erscheint stimmig.

Wenn allerdings die Simulation gemäß c. 1379 als Straftatbestand zugrundegelegt wird, dann lautet das Ergebnis anders: Der Strafbefehl zur Tatzeit war mit c. 1379 gegeben und das ‚Monitum' droht die Exkommunikation nicht als Tatstrafe, sondern als Spruchstrafe an. Gegen diese Deutung könnte eingewendet werden, dass dann vorher den Frauen die Beweise bekanntgegeben und die Möglichkeit zur Verteidigung hätte eingeräumt werden müssen, da andernfalls eine Rechtsverletzung gemäß c. 1720 vorliegt. Dem ist zum einen auf der materiell-rechtlichen Ebene entgegenzuhalten, dass die Beweise durch die Dokumentation der Handlung in den öffentlichen Medien hinreichend bekannt sind und in dem ‚Monitum' den Frauen mitgeteilt werden, sowie zum anderen auf der formal-rechtlichen Ebene, dass c. 1720 den Ordinarius als Strafrichter in Pflicht nimmt, die Glaubenskongregation als Strafrichterin sich dagegen auf Art. 52 der Apostolischen Konstitution „Pastor bonus" berufen kann, wonach sie bei der strafrechtlichen Beurteilung bestimmter Straftatbestände wie solchen, „die bei der Feier der Sakramente begangen wurden, ... nach Maßgabe des allgemeinen oder ihres eigenen Rechts kanonische Strafen feststellen oder verhängen kann." Mit dem Hinweis auf ein mögliches „eigenes Recht" wird der Glaubenkongregation ein großer Feiraum eingeräumt. Allerdings weist Lüdicke, Schutz durch das Recht, 181, im Zusammenhang mit Art 52 „Pastor bonus" zu Recht darauf hin, dass ein ggf. bestehendes strafrechtliches Eigenrecht der Glaubenskongregation als Gesetz publiziert sein muss, wenn es denn rechtsverbindlich sein soll. „Denn wann immer die Normen für Gläubige verbindlich sein sollen als leges [= Gesetze], die nach can. 221 §3 bei der Bestrafung zu beachten sind, gilt die Regel des can. 7 CIC: ‚Lex instituitur cum promulgatur' – Ein Gesetz wird wirksam, wenn es bekanntgegeben wird. Normen, die subjektive Rechte garantieren – dazu gehören alle prozessualen Vorschriften des Kirchenrechts –, als auch vor allem solche, die subjektive Rechte beschneiden – dazu gehören die materiellen Strafgesetze – können nicht wirksam sein, wenn sie den Gesetzesunterworfenen nicht bekannt gemacht sind. Wenn also einmal unterstellt werden soll, dass es ein ius proprium [= Eigenrecht] der Glaubenskongregation gebe, das die ausgesprochene Exkommunikation abstützte, muss festgestellt werden, dass es nicht einmal den Fachkanonisten bekannt ist. Es dürfte schwer halten, darin eine lex im Sinne des can. 221 §3 zu sehen." Die Verwirrung hinsichtlich der sachgerechten Interpretation des „Monitum" wird noch größer, wenn man das Dekret der Glaubenskongregation vom 21.12.2002 hier bereits mit in den Blick nimmt. Denn darin wird ein bisher noch nicht genannter Straftatbestand geltend gemacht: das hartnäckige Leugnen der Lehre von „Ordinatio sacerdotalis", das gemäß c. 1371 Nr. 1 mit einer gerechten Strafe zu belegen ist; in Konkretisierung dieses Straftatbestandes verhängt die Glaubenskongregation die Spruchstrafe der Exkommunikation. In diesem letztgenannten Dekret beruft sich die Glaubenskongregation explizit auf c. 1319 §1 CIC; offen bleibt, ob die Inanspruchnahme nur für das Dekret vom 21.12.2002 gilt oder auch für das „Monitum" vom 10.7.2002. Für Lüdicke, K., Der neue Entscheid der Glaubenskongregation, in: Orientierung 67 (2003), 47–48, 48, wird c. 1319 §1 CIC auf das „Monitum" rückbezogen bzw. „das auf can. 1347 gestützte Monitum ... erst jetzt zum Strafbefehl umgedeutet."

[234] Vgl. dazu S. 62–65 dieser Arbeit.

[235] „Can. 1379 – Wer außer in den Fällen von can. 1378 eine Sakramentenspendung vortäuscht, soll mit einer gerechten Strafe belegt werden."

[236] „Can. 1364 – §1. Der Apostat, der Häretiker oder der Schismatiker ziehen sich die Exkommunikation als Tatstrafe zu, unbeschadet der Vorschrift des can. 194, §1, n. 2; ein Kleriker kann außerdem mit den Strafen gemäß can. 1336, §1, nn. 1, 2 und 3 belegt werden."

§2. Wenn andauernde Widersetzlichkeit oder die Schwere des Ärgernisses es erfordern, können weitere Strafen hinzugefügt werden, die Entlassung aus dem Klerikerstand nicht ausgenommen."

[237] *„Can. 1347 – §1. Eine Beugestrafe kann gültig nicht verhängt werden, wenn nicht vorher der Täter mindestens einmal verwarnt worden ist, seine Widersetzlichkeit aufzugeben, und ihm eine entsprechende Zeitspanne zum Sinneswandel gewährt wurde. §2. Es ist davon auszugehen, dass ein Täter von der Widersetzlichkeit abgelassen hat, wenn er die Straftat wirklich bereut hat und er außerdem eine angemessene Wiedergutmachung der Schäden und eine Behebung des Ärgernisses geleistet oder zumindest ernsthaft versprochen hat."*

[238] Anders dagegen *Amann, Th.*, Die Strafe der Exkommunikation aufgrund der versuchten Priesterweihe von Frauen, in: AfkKR 17 (2002), 93–124, 112, der in seinem Bemühen um Harmonisierung darauf hinweist, „dass der Gesetzgeber die Formel ‚in poenam incurrere' nirgends definiert. Daher ist auch ein ausschließlicher Gebrauch im Zusammenhang mit einer Tatstrafe nicht zwingend. Das Monitum geht im Gegenteil davon aus, dass sich die genannten Frauen erst dann die Strafe der Exkommunikation zuziehen, wenn sie nicht innerhalb einer Frist ihre Widersetzlichkeit aufgeben. Die Strafe ist also nicht schon mit dem Weiheversuch wirksam. Der Verweis des Monitums auf c.1347, wonach eine Beugestrafe erst nach einer Verwarnung verhängt werden kann, geht eindeutig nicht von einer Tatstrafe, sondern von einer Verhängung der Strafe aus." – Zwar hat der Gesetzgeber tatsächlich die Formel ‚in poenam incurrere' nirgends definiert, wohl aber hat er sie bisher nur für Tatstrafen verwendet.

[239] *„Can. 1341 – Der Ordinarius hat dafür zu sorgen, dass der Gerichts- oder der Verwaltungsweg zur Verhängung oder Feststellung von Strafen nur dann beschritten wird, wenn er erkannt hat, dass weder durch brüderliche Ermahnung noch durch Verweis noch durch andere Wege des pastoralen Bemühens ein Ärgernis hinreichend behoben, die Gerechtigkeit wiederhergestellt und der Täter gebessert werden kann."*

[240] *„Can. 1314 – Die Strafe ist meistens eine Spruchstrafe, sodass sie den Schuldigen erst dann trifft, wenn sie verhängt ist; sie ist jedoch, wenn das Strafgesetz oder das Strafgebot dies ausdrücklich festlegt, eine Tatstrafe, sodass sie von selbst durch Begehen der Straftat eintritt."*

[241] Bei aller Kritik an den kirchenrechtlichen Unzulänglichkeiten dieses „Monitums" scheint mir aber doch die Feststellung von *Lüdicke,* Schutz durch das Recht (Anm. 233), 181, überzogen und der sich daran anschließende Gedankengang zu gekünstelt: „Da die Prüfung des Strafrechts des CIC ergeben hat, dass die Exkommunikation der sieben Frauen durch diese Normen nicht gedeckt ist, stellt sich die Frage nach anderen *leges,* nach dem Eigenrecht der Kongregation", das es gemäß Art 52 der Apostolischen Konstitution „Pastor bonus" geben kann, allerdings auch nur dann rechtswirksam sein kann, wenn es bekannt gemacht worden ist. Da ihm, Lüdicke, kein Eigenrecht der Glaubenskongregation für die Tat der „Priesterinnenweihe" bekannt ist, muss nach seiner Auffassung „die Frage nach der Kompetenz der Kongregation, eine Exkommunikation ohne gesetzliche Strafandrohung und ohne Strafverfahren zu erlassen, unbeantwortet bleiben" (ebd.).

[242] Brief an die Glaubenskongregation vom 22.7.2002, in: http://www.virtuelle-diozese.de (Stand: 30.04.2004).

[243] Ebd.

[244] Vgl. dazu S. 61f dieser Arbeit.

[245] In: L'Osservatore Romano vom 5./6. August 2002, S. 5 (in Originalsprache Italienisch); in deutscher Übersetzung abgedruckt in: L'Osservatore Romano (deutsch) vom

9. August 2002, S. 1, ebenso in: AfkKR 171 (2002), 469f, und in: http://www.virtuelle-dioezese.de (Stand: 30. 04. 2004).

[246] Vgl. zu diesen kritischen Rückfragen an das Exkommunikationsdekret auch *Lüdicke, K.*, Schutz durch das Recht (Anm. 233), 180.

[247] Vgl. Antwort der Frauengruppe vom 14.08. 2002, in: http://www.virtuelle-dioezese.de (Stand: 30. 04. 2004).

[248] Das Schreiben ging am 18. 9. 2002 an die Presse mit dem Hinweis, dass es bis 27. 9. 2002 der Glaubenskongregation vorliegen müsse.

[249] Vgl. Beschwerde gegen die Exkommunikation vom 27.09.2002, in: http://www. virtuelle-dioezese.de (Stand: 30. 04. 2004).

[250] Lateinisch-deutsche Fassung, in: Lateinisch-deutsche Ausgabe des CIC, hrsg. u.a. von den deutschen Bischöfen, Kevelaer 2001 (5. Auflage), 771–833.

[251] in: L'Osservatore Romano vom 27./28. Januar 2003, S. 8 (in Originalsprache italienisch); in deutscher Übersetzung abgedruckt in: L'Osservatore Romano (deutsch) vom 31. Januar 2003, S. 11, ebenso in: AfkKR 171 (2002), 471–476, und in: http://www.virtuelle-dioezese.de (Stand: 30. 04. 2004).

[252] „Can. 49 – „Ein Verwaltungsbefehl für Einzelfälle ist ein Dekret, durch das einer Person oder bestimmten Personen unmittelbar und rechtmäßig ein Tun oder Unterlassen auferlegt wird, vor allem um die Befolgung eines Gesetzes einzuschärfen." Im Vergleich dazu wird in c. 29 über Allgemeine Dekrete festgelegt: „Can. 29 – Allgemeine Dekrete, durch die von dem zuständigen Gesetzgeber für eine passiv gesetzesfähige Gemeinschaft gemeinsame Vorschriften erlassen werden, sind im eigentlichen Sinn Gesetze und unterliegen den Vorschriften der Canones über Gesetze."

[253] *Primetshofer, B.*, Approbatio in forma specifica. Überlegungen zur Normentypik im kanonischen Recht, in: AfkKR 169 (2000), 408–432, 430.

[254] Ebd., 416.

[255] Ebd., 432.

[256] Vgl. ebenso *Lüdicke*, Schutz durch das Recht (Anm. 233), 181; siehe dazu ausführlicher Anm. 233 dieser Arbeit.

[257] Vgl. S. 104 dieser Arbeit.

[258] So auch *Lüdicke*, Der neue Entscheid (Anm. 233), 47; *Amann*, Strafe der Exkommunikation (Anm. 238), 120f.

[259] Nicht überzeugend ist hier die Argumentation von *Lüdicke*, Schutz durch das Recht (Anm. 233), 180: „Das Schisma ist durch die Ablehnung der Unterordnung definiert. Wer innerhalb der katholischen Kirche (vermeintliche) Rechte in Anspruch nimmt, erklärt damit nicht die Ablehnung der Unterordnung. Angesichts der Tatsache, dass die sieben Frauen wiederholt erklärt haben, durch die Weihehandlung Priesterinnen der römisch-katholischen Kirche werden zu wollen, und dass sie sich wiederholt an den Papst gewandt haben, um als solche anerkannt zu werden, kann eine Ablehnung der Gemeinschaft mit der römisch-katholischen Kirche nicht unterstellt werden. Diese Voraussetzung einer Strafbarkeit bedürfte einer Klärung im Rahmen eines Strafverfahrens." Gegen diese Auffassung ist mit der Glaubenskongregation (Dekret vom 21.12.2002) festzuhalten: Wer sich wissentlich an einen schismatischen Bischof wendet und diesen um eine kirchliche Handlung von zentraler Bedeutung bittet, begibt sich in eine wesentliche Mittäterschaft (vgl. c.1329) mit dem Schisma. Diese Mittäterschaft ist nicht nur eine Unterstellung, sondern durch die öffentlich bekannte Tat der „Priesterinnenweihe" offenkundig bewiesen.

Geradezu gekünstelt wirkt die Schlussfolgerung von *Amann*, Strafe der Exkommunikation (Anm. 238), 122: „Zur Frage der Mittäterschaft mit einem Schisma ist c. 1329 § 2 beizuziehen. Danach ziehen sich Mittäter die für eine Straftat angedrohte Tatstrafe zu, wenn die Strafe derart ist, dass sie sie selbst treffen kann. Da die Glaubenskongregation aber ausdrücklich erklärt, die Strafe der Exkommunikation sei über die betreffenden Frauen verhängt worden, kann eine Mittäterschaft zu einem schismatischen Handeln als Straftatbestand im vorliegenden Fall nicht herangezogen werden."

[260] Vgl. ebenso *Lüdicke*, Der neue Entscheid (Anm. 233), 48, Anm. 6: „Eigentlich wäre ja auch can. 1331 § 2 zu nennen gewesen, der die Durchsetzbarkeit der Verbote regelt, die durch die Verhängung (oder Deklaration) einer Exkommunikation möglich wird."

[261] Vgl. dazu ausführlich S. 81–85 dieser Arbeit.

[262] Vgl. Stellungnahme vom 27.1.2003, in: http://www.virtuelle-dioezese.de (Stand 30.04.2004), sowie Antwort auf die Exkommunikation vom 27.2.2003, in: ebd.

[263] Vgl. dazu S. 97 und S. 101 dieser Arbeit.

[264] Vgl. dazu S. 59–62 dieser Arbeit.

[265] 27. Juni 2003 – Zwei der sieben Priesterinnen werden zu Bischöfinnen geweiht, in: http://www.virtuelle-dioezese.de (Stand 30.04.2004).

[266] *„Can. 1378 – § 2. Die Tatstrafe des Interdikts oder, falls es sich um einen Kleriker handelt, der Suspension, zieht sich zu: 1. wer ohne Priesterweihe das eucharistische Opfer zu feiern versucht; 2. wer außer dem in § 1 genannten Fall, obwohl er die sakramentale Absolution nicht gültig erteilen kann, diese zu erteilen versucht oder die sakramentale Beichte hört.*
§ 3. In den Fällen des § 2 können je nach Schwere des Delikts andere Strafen hinzugefügt werden, die Exkommunikation nicht ausgeschlossen."

[267] Das Interdikt wird oft als „kleine Exkommunikation" bezeichnet, da es wie die Exkommunikation die Ausübung aller liturgischen Dienste und Ämter sowie die Spendung aller Sakramente und Sakramentalien und den Empfang aller Sakramente untersagt, im Unterschied zur Exkommunikation aber noch die Ausübung von kirchlichen Aufgaben, Diensten und Ämtern gestattet (vgl. c.1332 CIC/1983).

[268] *„Can. 1379 – Wer außer in den Fällen von can. 1378 eine Sakramentenspendung vortäuscht, soll mit einer gerechten Strafe belegt werden."*

[269] So auch *Lüdicke*, Der neue Entscheid (Anm. 233), 48: „Niemand wird es beanstanden, dass die Kirche sich gegen eine publikumswirksame Aktion wehrt, mit der eine Lehre in Frage gestellt wird, die erst kürzlich mit großem Nachdruck als definitiv zu bewahren vorgelegt wurde. Niemand wird es beanstanden, dass die Glaubenskongregation nach Maßnahmen sucht, den Wirkungen dieser Aktion zu wehren. Es ist aber zu beanstanden, dass die Kongregation das Instrumentarium, zu dem sie greift, das Kirchenrecht, offenkundig nicht beherrscht."

[270] Vgl. dazu *Demel, S.*, Schutzmantel der Freiheit oder Zwangsjacke der Mächtigen? Anspruch und Wirklichkeit, Chancen und Gefahren des kirchlichen Rechts, in: ThPQ 149 (2001), 361–374.

Frauen und Kirche – ein Epilog mit Katharina von Alexandrien

[271] *Wiedenhofer, S.*, Das katholische Kirchenverständnis. Ein Lehrbuch der Ekklesiologie, Graz 1992, 282.

Personenverzeichnis

Albrecht, B.   123 (Anm. 25), 126 (Anm. 64)

Amann, T.   144 (Anm. 238), 145f (Anm. 258f)

Ansorge, D.   133 (Anm. 148, 151, 153–156), 134 (Anm. 158, 162f, 168, 171)

Aquila   123 (Anm. 28), 124 (Anm. 29)

Arinze, F.   106

Aymans, W.   131 (Anm. 122, 124), 132 (Anm. 129, 132f), 136 (Anm. 192), 138f (Anm. 202)

Bader, D.   140 (Anm. 206)

Baumann, B.   129 (Anm. 100)

Bausenhart, G.   130 (Anm. 105)

Becker, S.   129 (Anm. 96, 98f)

Beinert, W.   127 (Anm. 70), 132 (Anm. 143), 139 (Anm. 206), 140 (Anm. 211, 213f, 216), 141 (Anm. 222)

Berger, T.   133 (Anm. 153)

Bernhard, F.   128 (Anm. 78)

Bertone, T.   94, 101, 106f, 131 (Anm. 123)

Bieberstein, S.   122 (Anm. 7), 123 (Anm. 13, 17, 19, 21f), 124 (Anm. 44, 46), 125 (Anm. 51–58)

Biesinger, A.   122 (Anm. 2f), 134 (Anm. 166, 173)

Blank, J.   127 (Anm. 66)

Blanke, F.   126 (Anm. 60)

Bölting, M.   129 (Anm. 100)

Bormann, L.   123 (Anm. 18, 26), 124 (Anm. 36)

Böttigheimer, C.   133 (Anm. 154), 134 (Anm. 158, 171), 141 (Anm. 219)

Braschi, R. A.   93f, 96, 99ff, 105, 114f

Braun Celeste, D.   105

Breitsching, K.   128 (Anm. 78)

Brunner, P.   94, 105

Buser, D.   137 (Anm. 201), 141 (Anm. 217)

Daoud, I. M. I.   106

Dassmann, E.   137 (Anm. 199), 139 (Anm. 203, 206), 140 (Anm. 209)

Dautzenberg, G.   127 (Anm. 66)

Demel, S.   122 (Anm. 6f), 128 (Anm. 80), 134 (Anm. 162), 136 (Anm. 191), 146 (Anm. 270)

Dewey, J.   126 (Anm. 62)

Dinzelbacher, P.   131 (Anm. 121)

Dommers, A.   129 (Anm. 100)

Ernst, J.   123 (Anm. 26)

Estévez, J. M.   106

Evodia   19, 124 (Anm. 31)

Faber, E. M.   133 (Anm. 150), 141 (Anm. 218)

Feldmann, J.   129 (Anm. 100)

Fisichella, R.   106

Forster, G.   94, 105, 114

Frei, R.C.   122 (Anm. 8)

Freitag, J.   130 (Anm. 104)

Frohnhofen, H.   134 (Anm. 161)

Fuchs, O.   131 (Anm. 117)

Fürst, W.   137 (Anm. 199), 139 (Anm. 203, 206), 140 (Anm. 209)

Gehringer, T.   132f (Anm. 144)

Gerhards, A.   133 (Anm. 153)

Gerosa, L.   122 (Anm. 6), 134 (Anm. 162)

Gerstenberger,
E. S.   122f (Anm. 9, 18)
Gößmann, E.   139f (Anm. 206)
Greinacher, N.   131 (Anm. 117)
Greshake, G.   130 (Anm. 104), 134
                  (Anm. 164)
Grocholewski, Z. 106
Groß, W.   140 (Anm. 209), 141
                  (Anm. 217)
Grundmann, W.   124 (Anm. 33)
Hauke, M.   134 (Anm. 160)
Heimbach-Steins, M.
                  122 (Anm. 2f), 134
                  (Anm. 166, 173)
Hilberath, B. J. 134 (Anm. 166)
Hildegard von Bingen
                  60, 131 (Anm. 119)
Hintersberger, B. 130 (Anm. 101), 134f
                  (Anm. 173)
Hoping, H.   137 (Anm. 201), 139
                  (Anm. 206), 140
                  (Anm. 214), 141
                  (Anm. 217, 225)
Huizing, P.   131 (Anm. 125, 127f),
                  132 (Anm. 131)
Hünermann, P.   122 (Anm. 2), 133
                  (Anm. 148, 154), 134
                  (Anm. 162f, 165ff,
                  171, 173), 140 (Anm.
                  209), 141 (Anm. 217)

Jensen, A.   122 (Anm. 2), 134
                  (Anm. 166, 173)
Jeremias, J.   123 (Anm. 21)
Johanna, Frau des Chuza(s)
                  14, 16
Johannes XXIII.   34, 36, 128 (Anm. 77)
Johannes Paul II. 39–42, 68, 73f,
                  83–85, 107–109, 112,
                  129 (Anm. 85), 132
                  (Anm. 139ff), 135f
                  (Anm. 174ff, 185ff),
                  136 (Anm. 193), 137
                  (Anm. 199), 137f
                  (Anm. 202), 141
                  (Anm. 218)
Jorissen, H.   130 (Anm. 110)

Kasper, W.   106, 136 (Anm. 189)
Katharina von Alexandrien
                  117–121
Katharina von Genua
                  131 (Anm. 119)
Katharina von Siena
                  131 (Anm. 119)
Kehl, M.   130 (Anm. 107),
                  130f (Anm. 114ff),
                  135 (Anm. 181), 136
                  (Anm. 190), 139
                  (Anm. 206), 140
                  (Anm. 208, 214), 141
                  (Anm. 223)
Kirchschläger, W. 122 (Anm. 8), 123
                  (Anm. 19)
Kittel, G.   124 (Anm. 40, 43,
                  45)
Klemens   124 (Anm. 31)
Krämer, P.   122 (Anm. 6), 128
                  (Anm.78), 130
                  (Anm. 103), 131
                  (Anm. 125), 133
                  (Anm. 146), 134
                  (Anm. 162)
Laurentin, R.   123 (Anm. 14), 126
                  (Anm. 63), 127
                  (Anm. 65)
Leenhardt, J.   126 (Anm. 60)
Legrand, H.   140 (Anm. 206,
                  210), 141 (Anm. 217)
Lehmann, K.   41, 129 (Anm. 86,
                  89), 134 (Anm. 163)
Leipoldt, J.   123 (Anm. 18)
Leo XIII.   31, 128 (Anm. 74)
Listl, J.   132 (Anm. 142), 136
                  (Anm. 192)
Loretan, A.   137 (Anm. 201), 141
                  (Anm. 217f)
Lücking-Michel, C. 127 (Anm. 72)
Lüdecke, N.   135 (Anm. 187), 136
                  (Anm. 194), 137
                  (Anm. 198), 138f
                  (Anm. 202)
Lüdicke, K.   133 (Anm. 146),
                  142f (Anm. 233),
                  144 (Anm. 241), 145

	(Anm. 246, 256, 258f), 146 (Anm. 260, 269)
Lydia	124 (Anm. 29)
Maria	19, 124 (Anm. 31)
Maria, Mutter des Johannes Markus	124 (Anm. 29)
Maria Magdalene/Maria aus Magdala	14ff
Martimort, A.-G.	133 (Anm. 157)
Mayr-Lumetzberger, C.	94, 105, 113
Mechthild von Magdeburg	131 (Anm. 119)
Melzer-Keller, H.	122 (Anm. 7,9), 124 (Anm. 39), 125f (Anm. 58f)
Merklein, H.	127 (Anm. 66), 139 (Anm. 206), 140f (Anm. 207, 216)
Merode-de Croy, M.	126 (Anm. 62)
Michaelis, W.	124 (Anm. 38)
Mieth, D.	141 (Anm. 217)
Mohri, E.	123 (Anm. 18, 20), 124 (Anm. 44), 125 (Anm. 50, 58)
Mörsdorf, K.	131 (Anm. 122), 132 (Anm. 129, 132f)
Müller, G. L.	131 (Anm. 122, 128), 132 (Anm. 134), 134 (Anm. 171), 135 (Anm. 184, 187), 137f (Anm. 202)
Müller, H.	128 (Anm. 73), 132 (Anm. 142), 136 (Anm. 192)
Müller, I.	94, 105
Müller, K.	127 (Anm. 66)
Müller, L.	122 (Anm. 6), 134 (Anm. 162)
Müller, P. G.	123 (Anm. 23)
Mussinghoff, H.	136 (Anm. 192), 139 (Anm. 202)
Neuer, W.	123 (Anm. 24), 125 (Anm. 49)
Neuner, P.	132 (Anm. 143), 139 (Anm. 206)
Niewiadomski, J.	134 (Anm. 159)
Nocke, F.-J.	140 (Anm. 214), 141 (Anm. 221)
Nympha	124 (Anm. 29)
Örsy, L.	137 (Anm. 200)
Paul VI.	40
Paulus	19, 28f
Pemsel-Maier, S.	123 (Anm. 21), 129 (Anm. 95ff), 130 (Anm. 111)
Persis	19, 124 (Anm. 31)
Phoebe	19, 124 (Anm. 30), 133 (Anm. 149)
Pissarek-Hudelist, H.	127 (Anm. 70), 128 (Anm. 73)
Pius XI.	31f, 128 (Anm. 75)
Pompedda, M. F.	106
Pottmeyer, H. J.	139 (Anm. 204f)
Pree, H.	131f (Anm. 128f), 136 (Anm. 189)
Primetshofer, B.	132 Anm. 130), 145 (Anm. 253ff)
Priska	19, 124 (Anm. 29)
Priszilla	18, 123 (Anm. 28)
Puza, R.	128 (Anm. 78), 131 (Anm. 118)
Raberger, W.	140 (Anm. 216)
Rahner, K.	131 (Anm. 126), 132 (Anm. 130), 140 (Anm. 209, 214), 141 (Anm. 217, 224)
Raming, I.	94, 105, 126 (Anm. 64), 139f (Anm. 206), 140 (Anm. 213f), 141 (Anm. 217)
Ratzinger, J.	94, 101, 106f, 114, 132 (Anm. 135), 136 (Anm. 197)
Re, G.B.	106
Reinhardt, H. J. F.	131 (Anm. 27), 132 (Anm. 128)
Reininger, D.	122 (Anm. 1, 4), 132 (Anm. 142), 134 (Anm. 162, 164, 170, 172)
Rengstorf, K. H.	123 (Anm. 13, 16),

124 (Anm. 32, 34, 47), 125 (Anm. 48-50), 126 (Anm. 61)

Riedel-Spangenberger, I. 130 (Anm. 111f), 131 (Anm. 127), 134 (Anm. 169)
Roitinger, A. T. 94, 105
Rotter, H. 132 (Anm. 130)
Ruckstuhl, E. 122 (Anm. 8)
Russel, L. M. 126 (Anm. 62)
Schavan, A. 140 (Anm. 209)
Scheffczyk, L. 134 (Anm. 171)
Schmitz, H. 132 (Anm. 142), 133 (Anm. 144), 136 (Anm. 192), 137 (Anm. 198)
Schneider, G. 123 (Anm. 26)
Schneider T. 140 (Anm. 214)
Schottroff, L. 122 (Anm. 9), 123 (Anm. 14f)
Schrage, W. 122 (Anm. 9), 123 (Anm. 18)
Schulz, W. 136 (Anm. 189)
Schürmann, H. 122 (Anm. 10), 123 (Anm. 11)
Schweizer, E. 124 (Anm. 35)
Sepe, C. 106
Silvestrini, A. 106
Socha, H. 130 (Anm. 109)
Spendel, S. 5, 122 (Anm. 2f, 5)
Stafford, J. F. 106
Stegemann, W. 122 (Anm. 9)
Steichele, H. 123 (Anm. 21), 124 (Anm. 29), 127 (Anm. 67, 69)

Steinkamp, H. 131 (Anm. 117)
Stritzky, M. B. von 133 (Anm. 148, 154)
Susanna 14, 16
Swidler, L. 125 (Anm. 59)
Syntyche 124 (Anm. 31)
Tabitha 25
Telgenbüscher, M. 129 (Anm. 100)
Teresa von Avila 131 (Anm. 119)
Thomas v. Aquin 79
Tomko, J. 106
Torell, J.-P. 135f (Anm. 187), 136 (Anm. 196), 137f (Anm. 202)
Trujillo, A. L. 106
Tryphäna 124 (Anm. 31)
Tryphosa 124 (Anm. 31)
Virt, G. 132 (Anm. 130)
Vries, J. 132f (Anm. 144f)
Wagner, H. 131 (Anm. 125), 132 (Anm. 129)
Waldenfels, H. 137f (Anm. 199, 202), 139 (Anm. 203), 141 (Anm. 225)
Weier, J. 134 (Anm. 169)
Weiser, A. 133 (Anm. 147)
Werbick, J. 139 (Anm. 206), 140 (Anm. 209, 213), 141 (Anm. 217)
White, A. 94, 105
Wiedenhofer, S. 146 (Anm. 271)
Witherington, B. 123 (Anm. 12), 124 (Anm. 37)
Wohlmuth, J. 139 (Anm. 203, 206), 140 (Anm. 214), 142 (Anm. 225)

Verzeichnis der Canones

CIC/1917
c. 89   38
c. 93 §1   32, 38

c. 98 §4   38
c. 108   133 (Anm. 152)
c. 133   32f, 39

c. 709 §2	33
c. 742 §2	33
c. 813 §2	33
c. 910	33
c. 968 §1	33, 59
c. 1111	38
c. 1264 §2	33
c. 1520 §1	33
c. 1521 §1	33
c. 2004 §1	33

CIC/1983

c. 7	110, 143 (Anm. 233)
cc. 7f	64
cc. 23-28	65
c. 29	145 (Anm. 252)
c. 49	108, 145 (Anm. 252)
c. 50	103
c. 98 §2	38
c. 101 §1	38
c. 104	38
c. 111	128 (Anm. 79)
c. 112 §2	38
c. 124	107, 115
c. 145 §1	48
cc. 145–196	48
c. 146	51
c. 150	49, 52, 54
c. 194 §1	143 (Anm. 236)
c. 204 §1	54, 58
c. 207	37
c. 207 §1	63
c. 208	36, 58, 90
cc. 208-223	36
c. 221 §1	104f
c. 221 §3	110, 143 (Anm. 233)
cc. 224-231	36, 49
c. 228	37
c. 228 §1	49
c. 229 §3	37
c. 230 §1	128 (Anm. 78), 129 (Anm. 83), 130 (Anm. 106)
c. 230 §2	37, 128 (Anm. 78), 129 (Anm. 82)
c. 230 §3	37
c. 253 §1	37
c. 266	69
c. 266 § 1	133 (Anm. 152)
c. 274 §1	49f, 52
c. 277 §2	39
c. 278 §2	130 (Anm. 106)
c. 330	50, 63
c. 331	50
c. 333 §3	109f
c. 336	50
c. 339 §2	38
c. 360	106, 111
c. 375 §1	50, 63
cc. 375-411	69
c. 377 §3	38
c. 386 §2	81
c. 443 §4	38
c. 463 §2	38
c. 492 §1	38
c. 494 §1	38
c. 512 §2	38
cc. 515–572	69
c. 517 §2	38, 55ff, 130 (Anm. 113)
c. 519	38, 54ff, 130 (Anm. 113)
c. 528 §1	130 (Anm. 113)
c. 529 §2	130 (Anm. 113)
c. 536 §1	38
c. 537	38
c. 609 §2	128 (Anm. 79)
c. 614	128 (Anm. 79)
c. 616 §4	128 (Anm. 79)
c. 749	82–85
c. 749 §1	82ff, 136 (Anm. 194)
c. 749 §2	82ff, 139 (Anm. 202)
c. 749 §3	83ff, 137 (Anm. 198), 139 (Anm. 202)
c. 750 §2	84, 106, 112, 136 (Anm. 195)
c. 751	97, 101
c. 752	112
c. 766	37
c. 767	133 (Anm. 145)
c. 776	37
c. 803 §2	37
c. 805	37
c. 810	37
c. 840	63, 66
c. 841	66, 92, 107, 115, 132 (Anm. 135)
c. 861 §2	115

c. 900	55	c. 1331	95, 100, 107, 111
c. 943	133 (Anm. 145)	c. 1331 §2	112, 146 (Anm. 260)
c. 965	55	c. 1332	146 (Anm. 267)
c. 1003	55, 75	c. 1336 §1	143 (Anm. 236)
c. 1008	50, 63, 68, 70, 133 (Anm. 146)	c. 1341	98, 144 (Anm. 239)
		c. 1342 §1	94, 142 (Anm. 228)
c. 1009	50, 68f	c. 1347	107, 144 (Anm. 237f)
c. 1012	97, 114	c. 1347 §1	94, 98, 106, 142 (Anm. 233)
c. 1013	114		
c. 1024	33, 59, 62, 65f, 69, 95, 97–100, 103, 107, 113f, 115, 128 (Anm. 81), 132 (Anm. 134, 136f)	c. 1347 §2	95
		c. 1358 §1	95
		c. 1364	97f, 100f, 111, 143f (Anm. 236)
c. 1031	69	c. 1371	109, 112, 143 (Anm. 233)
c. 1035	128 (Anm. 78)	c. 1378	143 Anm. 235), 146 (Anm. 266, 268)
c. 1055 §1	140 (Anm. 212)		
c. 1064	38	c. 1378 §2	115
c. 1079	133 (Anm. 145)	c. 1379	95f, 98, 100f, 103, 111, 114ff, 142f (Anm. 233), 143 (Anm. 235), 146 (Anm. 268)
c. 1080	133 (Anm. 145)		
c. 1083 §1	128 (Anm. 79)		
c. 1089	128 (Anm. 79)		
c. 1108	133 (Anm. 145)	c. 1399	101
c. 1111	133 (Anm. 145)	c. 1421 §2	37
c. 1112	37	c. 1424	38
c. 1116	133 (Anm. 145)	c. 1428 § 2	38
c. 1135	38, 140 (Anm. 212)	c. 1435	38
c. 1168	37, 133 (Anm. 145)	c. 1445 §2	104, 111
c. 1169 §3	133 (Anm. 145)	c. 1481 §2	102
c. 1279 §2	38	c. 1509	103
c. 1280	38	cc. 1717–1731	94
c. 1282	38	c. 1720	110, 143 (Anm. 233)
c. 1287 §1	38	cc. 1732–1739	99, 101, 105f
c. 1289	38	c. 1733 §1	103
cc. 1311–1363	96	c. 1734	99, 103
c. 1314	95, 98, 106, 144 (Anm. 240)	c. 1734 §1	102
		c. 1735	104
c. 1319	97, 142 (Anm. 233)	c. 1737	111
c. 1319	§1 94, 106, 142f (Anm. 227, 233)	c. 1737 §1	104
		c. 1737 §2	104
		c. 1738	102
c. 1329	96, 101, 111, 115, 142 (Anm. 230), 145 (Anm. 259)	c. 1739	104, 111

CCEO/1990

c. 1329 §1	96, 142 (Anm. 230)	c. 281 §1	130 (Anm. 113)
c. 1329 §2	96f, 142 (Anm. 231), 145 (Anm. 259)	c. 289 §1	130 (Anm. 113)
		c. 1505	61